Fira med Tårta
En Kokbok för Ljuvliga Bakverk

Emma Lindström

Innehållsförteckning

apelsin och marsala tårta 11

Persika och päron tårta 13

fuktig ananaskaka 14

Ananas körsbärskaka 15

Jul ananastårta 16

upp och ner ananas 17

Ananas och valnötskaka 18

hallonkaka 19

rabarberpaj 20

rabarber och pepparkakor 21

rödbetstårta 22

Morotsbanankaka 23

Morot och äppelkaka 24

Morots- och kanelkaka 25

Morot och zucchini kaka 26

morot och ingefära kaka 27

Morot och valnötskaka 28

Morots-, apelsin- och valnötskaka 29

Morot, ananas och kokos kaka 30

Morot och pistagekaka 31

Morot och valnötskaka 32

Kryddad morotskaka 33

Morot och farinsockerkaka 35

Zucchini och märgpaj 36

Zucchini och apelsinkaka 37
Kryddig zucchinipaj 38
Pumpa tårta 40
Pumpapaj med frukt 41
Pumpa krydda rulle 42
rabarber och pepparkakor 44
Sötpotatispaj 45
Italiensk mandelkaka 47
Mandelkaka och kaffe 48
Mandel och pepparkakor 49
Citron- och mandelkaka 50
Mandelkaka med apelsin 51
rik mandelkaka 52
Svensk makaronkaka 53
kokosbröd 54
kokospaj 55
gyllene kokosnötskaka 56
Kokos toppad tårta 57
kokos- och citronkaka 58
Nyårs kokosnötskaka 59
Kokos- och sultanatårta 60
krispig valnötskaka 61
Blandad nötkaka 62
Grekisk valnötstårta 63
valnötsglasstårta 65
Valnötstårta med chokladkräm 65
Valnötstårta med honung och kanel 66

Mandel och honungsbarer ... 68
Smulbars av äpple och svarta vinbär ... 70
Aprikos och havre barer ... 71
Aprikos knaprig ... 72
Bananbarer med nötter ... 73
Amerikanska Brownies ... 74
Choklad Fudge Brownies ... 75
Choklad och valnöt brownies ... 76
Stickor av smör ... 77
körsbärs- och karamellbricka ... 78
chokladbricka ... 79
kanel smula lager ... 80
klibbiga kanelstänger ... 81
kokosnötsbarer ... 82
Smörgåsbarer med kokos och sylt ... 83
Bakplåt med dadel och äpple ... 84
dadelskivor ... 85
Mormor Dejtingbarer ... 86
Dadel- och havrestänger ... 87
Dadel och valnötsstänger ... 88
fikonpinnar ... 89
flapjacks ... 90
cherry flapjacks ... 91
choklad flapjack ... 92
fruktklackar ... 93
Frukt och nötter flapjacks ... 94
Pepparkakor Flapjacks ... 95

Valnöt Flapjacks ... 96

Spröda citronsmörkakor ... 97

Kokosmockarutor ... 98

Hej Dolly Cookies ... 100

Kokosbars med nötter och choklad ... 101

valnötsrutor ... 102

Valnötsapelsinskivor ... 103

Kex ... 104

jordnötssmörstänger ... 105

picknickskivor ... 106

Ananas och kokos barer ... 107

plommonjästkaka ... 108

Amerikanska pumpastänger ... 110

Kvitten och mandelstänger ... 111

russinstänger ... 113

Bananbruna godiskakor ... 114

Solros- och valnötsstänger ... 115

godisrutor ... 116

godisbricka ... 117

Aprikos cheesecake ... 118

avokado cheesecake ... 120

Banan cheesecake ... 121

Lätt karibisk ostkaka ... 122

Black Cherry Cheesecake ... 123

Kokos och aprikos cheesecake ... 124

blåbär cheesecake ... 124

ingefära cheesecake ... 126

Ingefära och citron cheesecake 127
Cheesecake med hasselnöt och honung 128
Vinbär och ingefära cheesecake 129
Lätt citron cheesecake 131
Citron och müsli cheesecake 132
tangerine cheese cake 133
Cheesecake med citron och valnöt 134
lime cheesecake 136
San Clemente Cheesecake 137
Påsk 137
Lätt ananas cheesecake 139
ananas cheesecake 140
russin cheesecake 142
halloncheesecake 143
Siciliansk cheesecake 144
Yoghurtglaserad ostkaka 145
jordgubbscheese Cake 147
Sultana och Brandy Cheesecake 148
Bakad ostkaka 149
Bakade cheesecake barer 150
Amerikansk cheesecake 151
Holländsk bakad äppelcheesecake 152
Bakad aprikos- och hasselnötscheesecake 154
Bakad aprikos- och apelsincheesecake 155
Bakad aprikos och ricotta cheesecake 157
boston cheesecake 158
Bakad karibisk ostkaka 159

Bakad choklad cheesecake ... 161
Cheesecake med choklad och valnöt ... 162
tysk cheesecake ... 163
Irländsk gräddlikör cheesecake ... 165
Amerikansk citron- och valnötscheesecake ... 167
orange cheesecake ... 168
Ricotta cheese cake ... 169
Bakad ost i lager och gräddfil ... 171
Lättbakad cheesecake med sultaner ... 172
Lättbakad vaniljcheesecake ... 173
Bakad vit choklad cheesecake ... 174
Cheesecake med vit choklad och hasselnöt ... 175
Vit choklad wafer cheesecake ... 177
Bruten massa ... 177
mördeg med olja ... 179
rik mördeg ... 180
Amerikansk mördegskaka ... 181
ostbröd ... 182
chouxbakelse ... 183
Smördeg ... 184
Smördeg ... 186
rå smördeg ... 187
pate sucrée ... 188
Grädde Choux-bullar ... 189
Mandarinpuffar med ost ... 190
choklad eclairs ... 191
vinstroller ... 192

Mandel- och persikamördeg 194

Äppel väderkvarnar 195

grädde horn 196

feuilleté 197

Ricottafyllda pajer 198

pekannötter 199

danska kakor 200

Dansk födelsedagskringla 201

danska wienerbrödssnigel 203

danska wienerbrödsflätor 204

Danskt bakverk Väderkvarnar 205

mandelkakor 206

Grundläggande sockerkaka 207

Mandelkaka 208

Äppel- och apelsinkaka från 1700-talet 209

Tysk äppelpaj 210

äppelpaj med honung 212

Äppelpaj och köttfärs 214

apelsin och marsala tårta

Gör en 23 cm / 9 tum kaka

175 g / 6 oz / 1 kopp sultanor (gyllene russin)

120 ml / 4 fl oz / ½ kopp Marsala

175 g / 6 oz / ¾ kopp smör eller margarin, uppmjukat

100 g / 4 oz / ½ kopp mjukt farinsocker

225 g / 8 oz / 1 kopp strösocker (superfint)

3 ägg, lätt vispade

Finrivet skal av 1 apelsin

5 ml / 1 tsk apelsinblomvatten

275 g / 10 oz / 2½ koppar vanligt mjöl (alltså)

10 ml / 2 tsk bakpulver (bakpulver)

en nypa salt

375 ml / 13 fl oz / 1½ koppar kärnmjölk

Apelsinlikörglasyr

Blötlägg sultanerna i Marsala över natten.
Grädde smör eller margarin och socker tills det är ljust och fluffigt.
Vispa i äggen lite i taget, blanda sedan i apelsinskal och apelsinblomsvatten, Tillsätt mjöl, bakpulver och salt omväxlande med kärnmjölken. Tillsätt de blötlagda sultanerna och Marsala.
Häll i två smorda och klädda 23 cm / 9 kakformar och grädda i en förvärmd ugn vid 180 °C / 350 °F / gasmark 4 i 35 minuter tills de är fjädrande vid beröring och börjar krympa vid beröring på sidorna. av formarna Låt svalna i formarna i 10 minuter innan du överför till ett galler för att avsluta kylningen.
Bred hälften av apelsinlikörglasyren över kakorna, bred sedan ut resten av glasyren ovanpå.

Persika och päron tårta

Gör en 23 cm / 9 tum kaka

175 g / 6 oz / ¾ kopp smör eller margarin, uppmjukat

150 g / 5 oz / 2/3 kopp pulveriserat (superfint) socker

2 ägg, lätt vispade

75 g / 3 oz / ¾ kopp fullkornsvetemjöl (fullkornsvete)

75 g / 3 oz / ¾ kopp vanligt mjöl (alltså)

10 ml / 2 tsk bakpulver

15 ml / 1 msk mjölk

2 persikor, urkärnade (urkärnade), skalade och hackade

2 päron, skalade, urkärnade och hackade

30 ml / 2 msk florsocker (konditorer), siktad

Grädde smör eller margarin och socker tills det är ljust och fluffigt. Vispa äggen lite i taget, tillsätt sedan mjöl och bakpulver och tillsätt mjölken för att ge blandningen en rinnig konsistens. Tillsätt persikorna och päronen. Häll blandningen i en smord och fodrad 23 cm/9" kakform och grädda i en förvärmd ugn vid 190°C/375°F/gasmark 5 i 1 timme tills den är väl jäst och fjädrande vid beröring. . Låt svalna i burk i 10 minuter innan du överför till ett galler för att avsluta kylningen. Pudra med florsocker före servering.

fuktig ananaskaka

Gör en 20 cm / 8 tum kaka

100 g / 4 oz / ½ kopp smör eller margarin

350 g / 12 oz / 2 koppar blandad torkad frukt (fruktkakamix)

225 g / 8 oz / 1 kopp mjukt farinsocker

5 ml / 1 tsk blandade malda kryddor (äppelkaka)

5 ml / 1 tsk bakpulver (bakpulver)

425 g / 15 oz / 1 stor burk osötad krossad ananas, avrunnen

225 g / 8 oz / 2 koppar självhöjande mjöl (jäst)

2 vispade ägg

Lägg alla ingredienser utom mjöl och ägg i en stekpanna och värm försiktigt tills koka upp, rör om väl. Koka konstant i 3 minuter, låt sedan blandningen svalna helt. Tillsätt mjölet och tillsätt sedan äggen gradvis. Häll blandningen i en smord och fodrad 20 cm/8" kakform och grädda i en förvärmd ugn vid 180°C/350°F/gasmarkering 4 i 1½ – 1¾ timmar tills den jäst och är fast vid beröring. Låt svalna i tenn.

Ananas körsbärskaka

Gör en 20 cm / 8 tum kaka

100 g / 4 oz / ½ kopp smör eller margarin, uppmjukat

100 g / 4 oz / 1 kopp strösocker (superfint)

2 vispade ägg

225 g / 8 oz / 2 koppar självhöjande mjöl (jäst)

2,5 ml / ½ tsk bakpulver

2,5 ml / ½ tesked mald kanel

175 g / 6 oz / 1 kopp sultanor (gyllene russin)

25 g / 1 oz / 2 msk glaserade körsbär (kanderade)

400 g / 14 oz / 1 stor burk ananas, avrunnen och hackad

30 ml / 2 msk konjak eller rom

Pulveriserat (konfektyr) socker, siktat, för att pudra

Grädde smör eller margarin och socker tills det är ljust och fluffigt. Vispa äggen gradvis och tillsätt sedan mjöl, bakpulver och kanel. Tillsätt försiktigt resten av ingredienserna. Häll blandningen i en smord och fodrad 20 cm lång form och grädda i en förvärmd ugn vid 160 °C / 325 °F / gasmark 3 i 1½ timme, tills ett spett som sticks in i mitten av formen kommer ut rent. Låt svalna och servera beströdd med florsocker.

Jul ananastårta

Gör en 23 cm / 9 tum kaka

50 g / 2 oz / ¼ kopp smör eller margarin

100 g / 4 oz / ½ kopp strösocker (superfint)

1 ägg, lätt uppvispat

150 g / 5 oz / 1¼ koppar självhöjande mjöl (jäst)

en nypa salt

120 ml / 4 fl oz / ½ kopp mjölk

Till dressingen:
4 oz / 100 g färsk eller konserverad ananas, grovt riven

1 ätande (efterrätt) äpple, skalat, urkärnat och grovt rivet

120 ml / 4 fl oz / ½ kopp apelsinjuice

15 ml / 1 msk citronsaft

100 g / 4 oz / ½ kopp strösocker (superfint)

5 ml / 1 tsk mald kanel

Smält smör eller margarin och tillsätt sedan socker och ägg tills det skummar. Tillsätt mjöl och salt omväxlande med mjölken till en deg. Häll i en smord och fodrad 23 cm/9" kakform och grädda i en förvärmd ugn vid 180°C/350°F/gasmark 4 i 25 minuter tills de är gyllene och spänstiga.

Koka upp alla ingredienser till toppingen och låt sjuda i 10 minuter. Häll över de varma kexen och grilla (grill) tills ananasen börjar få färg. Låt svalna innan servering varm eller kall.

upp och ner ananas

Gör en 20 cm / 8 tum kaka

175 g / 6 oz / ¾ kopp smör eller margarin, uppmjukat

175 g / 6 oz / ¾ kopp mjukt farinsocker

400 g / 14 oz / 1 stor burk ananasskivor, avrunna och saft reserverad

4 glaserade (kanderade) körsbär, halverade

2 ägg

100 g / 4 oz / 1 kopp självhöjande mjöl

Vispa 75 g / 3 oz / 1/3 kopp smör eller margarin med 75 g / 3 oz / 1/3 kopp socker tills det är ljust och fluffigt och fördela på botten av en smord 20 cm / 8" pajform i (panna). Ordna ananasskivorna ovanpå och strö över körsbären med runda sidan nedåt. Rör i resten av smöret eller margarinet och sockret, vispa sedan gradvis i äggen. Tillsätt mjölet och 30 ml / 2 msk av den reserverade ananasjuicen. Häll över ananas och grädda i en förvärmd ugn vid 180°C/350°F/gasmark 4 i 45 minuter tills den är fast vid beröring. Låt svalna i formen i 5 minuter, ta sedan försiktigt bort från formen och vänd upp på ett galler.

Ananas och valnötskaka

Gör en 23 cm / 9 tum kaka

225 g / 8 oz / 1 kopp smör eller margarin, uppmjukat

225 g / 8 oz / 1 kopp strösocker (superfint)

5 ägg

350 g / 12 oz / 3 koppar vanligt mjöl (alltså)

100 g / 4 oz / 1 kopp valnötter, grovt hackade

100 g / 4 oz / 2/3 kopp glaserad (kanderad) ananas, hackad

Lite mjölk

Grädde smör eller margarin och socker tills det är ljust och fluffigt. Vispa äggen gradvis, tillsätt sedan mjöl, valnötter och ananas, tillsätt precis tillräckligt med mjölk för att få en tunn konsistens. Lägg i en smord och klädd 23 cm / 9 i kakform (muffinsform) och grädda i en förvärmd ugn vid 150 °C / 300 °F / gasmark 2 i 1½ timme, tills ett spett i mitten kommer ut rent.

hallonkaka

Gör en 20 cm / 8 tum kaka

100 g / 4 oz / ½ kopp smör eller margarin, uppmjukat

200g / 7oz / knappt 1 kopp pulveriserat (superfint) socker

2 ägg, lätt vispade

250 ml / 8 fl oz / 1 kopp gräddfil (mejerisyra)

5 ml / 1 tsk vaniljessens (extrakt)

250 g / 9 oz / 2¼ koppar vanligt mjöl (alltså)

5 ml / 1 tsk bakpulver

5 ml / 1 tsk bakpulver (bakpulver)

5 ml / 1 tsk kakaopulver (osötad choklad)

2,5 ml / ½ tsk salt

4 oz / 100 g färska eller frysta hallon, tinade

Till dressingen:
30 ml / 2 msk strösocker (superfint)

5 ml / 1 tsk mald kanel

Grädde smör eller margarin och socker. Tillsätt gradvis äggen, sedan creme fraiche och vaniljessens. Tillsätt mjöl, bakpulver, bakpulver, kakao och salt. Tillsätt hallonen. Häll upp i en smord 20 cm kakform. Blanda socker och kanel och strö över toppen av kakan. Grädda i en förvärmd ugn vid 200°C / 400°F / gasmark 4 i 35 minuter, tills de är gyllenbruna och ett spett i mitten kommer ut rent. Strö över sockret blandat med kanel.

rabarberpaj

Gör en 20 cm / 8 tum kaka

225 g / 8 oz / 2 koppar fullkornsvetemjöl (fullkornsvete)

10 ml / 2 tsk bakpulver

10 ml / 2 tsk mald kanel

45 ml / 3 msk ljus honung

175 g / 6 oz / 1 kopp sultanor (gyllene russin)

2 ägg

150 ml / ¼ pt / 2/3 kopp mjölk

8 oz / 225 g rabarber, hackad

30 ml / 2 msk demerara socker

Blanda alla ingredienser utom rabarber och socker. Tillsätt rabarbern och lägg dem i en smord och mjölad 20 cm kakform. Strö över sockret. Grädda i en förvärmd ugn vid 180°C/350°F/gasmarkering 4 i 45 minuter tills den stelnar. Låt svalna i pannan i 10 minuter innan du tar bort.

rabarber och pepparkakor

Gör två 450g / 1lb kakor

250 g / 9 oz / 2/3 kopp ljus honung

120 ml / 4 fl oz / ½ kopp olja

1 ägg, lätt uppvispat

15 ml / 1 msk bakpulver (bakpulver)

150 ml / ¼ pt / 2/3 kopp vanlig yoghurt

75 ml / 5 matskedar vatten

350 g / 12 oz / 3 koppar vanligt mjöl (alltså)

10 ml / 2 teskedar salt

350 g / 12 oz rabarber, finhackad

5 ml / 1 tsk vaniljessens (extrakt)

50 g / 2 oz / ½ kopp hackade blandade nötter

Till dressingen:
75 g / 3 oz / 1/3 kopp mjukt farinsocker

5 ml / 1 tsk mald kanel

15 ml / 1 msk smör eller margarin, smält

Blanda honung och olja och vispa sedan ägget. Blanda bakpulver med yoghurt och vatten tills det löst sig. Blanda mjöl och salt och tillsätt honungsblandningen växelvis med yoghurten. Tillsätt rabarber, vaniljessens och valnötter. Häll i två smorda och fodrade 450g/1lb brödformar (muffinsformar). Blanda ingredienserna till toppingen och strö över kakorna. Grädda i en förvärmd ugn vid 160°C/325°F/gasmarkering 3 i 1 timme tills den är fast vid beröring och gyllene på toppen. Kyl i formarna i 10 minuter och lägg sedan över till ett galler för att avsluta kylningen.

rödbetstårta

Gör en 20 cm / 8 tum kaka

250 g / 9 oz / 1¼ koppar vanligt mjöl (alltså)

15 ml / 1 msk bakpulver

5 ml / 1 tsk mald kanel

en nypa salt

150 ml / 8 fl oz / 1 kopp olja

300 g / 11 oz / 11/3 koppar pulveriserat (superfint) socker

3 ägg, separerade

150 g rå rödbetor, skalade och grovt rivna

150g / 5oz morötter, grovt rivna

100 g / 4 oz / 1 kopp hackade blandade nötter

Blanda mjöl, bakpulver, kanel och salt. Vispa olja och socker. Vispa äggulor, rödbetor, morötter och nötter. Vispa äggvitorna tills de blir hårda och vänd sedan ner dem i blandningen med en metallsked. Häll blandningen i en smord och fodrad 20 cm/8" kakform och grädda i en förvärmd ugn vid 180°C/350°F/gasmark 4 i 1 timme tills den blir spänstig vid beröring.

Morotsbanankaka

Gör en 20 cm / 8 tum kaka

175 g / 6 oz morötter, rivna

2 bananer, mosade

75 g / 3 oz / ½ kopp sultanor (gyllene russin)

50 g / 2 oz / ½ kopp hackade blandade nötter

175 g / 6 oz / 1½ koppar självhöjande mjöl

5 ml / 1 tsk bakpulver

5 ml / 1 tsk blandade malda kryddor (äppelkaka)

Saft och skal av 1 apelsin

2 vispade ägg

75 g / 3 oz / 1/2 kopp ljust farinsocker

100 ml / 3 1/2 fl oz / knappa 1/2 kopp solrosolja

Blanda alla ingredienser tills det är väl blandat. Placera i en smord och fodrad 20 cm / 8 i tårtform (panna) och grädda i en förvärmd ugn vid 180 °C / 350 °F / gasmark 4 i 1 timme, tills ett spett i mitten kommer ut rent.

Morot och äppelkaka

Gör en 23 cm / 9 tum kaka

250 g / 9 oz / 2¼ koppar självhöjande mjöl (jäst)

5 ml / 1 tsk bakpulver (bakpulver)

5 ml / 1 tsk mald kanel

175 g / 6 oz / ¾ kopp mjukt farinsocker

Finrivet skal av 1 apelsin

3 ägg

200 ml / 7 fl oz / sparsamt 1 kopp olja

150 g / 5 oz ätande (dessert) äpplen, skalade, urkärnade och rivna

150 g / 5 oz rivna morötter

100 g / 4 oz / 2/3 kopp färdiga att äta torkade aprikoser, hackade

100 g / 4 oz / 1 kopp pekannötter eller valnötter, hackade

Blanda mjöl, bakpulver och kanel och tillsätt sedan socker och apelsinskal. Vispa ner äggen i oljan och tillsätt sedan äpplet, morötterna och två tredjedelar av aprikoserna och valnötterna. Vik i mjölblandningen och häll i en smord och fodrad 9-tums kakform. Strö över resterande hackade aprikoser och valnötter. Grädda i en förvärmd ugn vid 180°C/350°F/gasmarkering 4 i 30 minuter tills den är spänstig vid beröring. Låt svalna något i pannan och överför sedan till ett galler för att avsluta kylningen.

Morots- och kanelkaka

Gör en 20 cm / 8 tum kaka

100 g / 4 oz / 1 kopp fullkornsvetemjöl (fullkornsvete)

100 g / 4 oz / 1 kopp vanligt mjöl (alltså)

15 ml / 1 msk mald kanel

5 ml / 1 tsk riven muskotnöt

10 ml / 2 tsk bakpulver

100 g / 4 oz / ½ kopp smör eller margarin

100 g / 4 oz / 1/3 kopp ljus honung

100 g / 4 oz / ½ kopp mjukt farinsocker

225 g / 8 oz rivna morötter

Blanda mjöl, kanel, muskotnöt och bakpulver i en skål. Smält smör eller margarin med honung och socker och blanda sedan med mjölet. Tillsätt morötterna och blanda väl. Placera i en smord och klädd 20 cm / 8 i kakform (form) och grädda i en förvärmd ugn vid 160 °C / 325 °F / gasmark 3 i 1 timme, tills ett spett i mitten kommer ut rent. Kyl i pannan i 10 minuter, överför sedan till ett galler för att avsluta kylningen.

Morot och zucchini kaka

Gör en 23 cm / 9 tum kaka

2 ägg

175 g / 6 oz / ¾ kopp mjukt farinsocker

100 g rivna morötter

50 g / 2 oz zucchini, riven

75 ml / 5 matskedar olja

225 g / 8 oz / 2 koppar självhöjande mjöl (jäst)

2,5 ml / ½ tsk bakpulver

5 ml / 1 tsk blandade malda kryddor (äppelkaka)

Gräddostfrosting

Blanda ägg, socker, morötter, zucchini och olja. Tillsätt mjöl, bakpulver och kryddblandning och blanda till en slät massa. Placera i en smord och klädd 23 cm / 9 i kakform (form) och grädda i en förvärmd ugn vid 180 °C / 350 °F / gasmark 4 i 30 minuter, tills ett spett i mitten kommer ut rent. Låt svalna och bred ut med cream cheese frosting.

morot och ingefära kaka

Gör en 20 cm / 8 tum kaka

175 g / 6 oz / 2/3 kopp smör eller margarin

100 g / 4 oz / 1/3 kopp gyllene sirap (lätt majs)

120 ml / 4 fl oz / ½ kopp vatten

100 g / 4 oz / ½ kopp mjukt farinsocker

150g / 5oz morötter, grovt rivna

5 ml / 1 tsk bakpulver (bakpulver)

200g / 7oz / 1¾ koppar vanligt mjöl (alltså)

100 g / 4 oz / 1 kopp självhöjande mjöl

5 ml / 1 tsk mald ingefära

en nypa salt

För glasyren (frosting):
175 g / 6 oz / 1 kopp strösocker (konditorsocker), siktat

5 ml / 1 tsk smör eller margarin, uppmjukat

30 ml / 2 msk citronsaft

Smält smör eller margarin med sirap, vatten och socker och låt sedan koka upp. Ta av från värmen och tillsätt morötter och bakpulver. Låt svalna. Blanda mjöl, ingefära och salt, lägg i en smord 20cm / 8 kakform och grädda i en förvärmd ugn vid 180 °C / 350 °F / gasmark 4 i 45 minuter, tills den är väl jäst och elastisk vid beröring. Stäng av och låt svalna.

Blanda florsocker med smör eller margarin och tillräckligt med citronsaft för att göra en bredbar frosting. Skär kakan på mitten horisontellt, använd sedan hälften av frostingen för att breda ut kakan och fördela resten ovanpå.

Morot och valnötskaka

Gör en 18 cm / 7 tum kaka

2 stora ägg, separerade

150 g / 5 oz / 2/3 kopp pulveriserat (superfint) socker

225 g / 8 oz rivna morötter

150 g / 5 oz / 1¼ koppar hackade blandade nötter

10 ml / 2 tsk rivet citronskal

50 g / 2 oz / ½ kopp vanligt mjöl (allt för ändamål)

2,5 ml / ½ tsk bakpulver

Vispa äggulor och socker tjockt och krämigt. Tillsätt morötter, valnötter och citronskal och tillsätt sedan mjöl och bakpulver. Vispa äggvitorna tills mjuka toppar bildas, vänd sedan ner dem i blandningen. Vänd till en smord 19 cm / 7 tums fyrkantig kakform. Grädda i en förvärmd ugn på 180°C/350°F/gasmarkering 4 i 40-45 minuter, tills ett spett som sticks in i mitten kommer ut rent.

Morots-, apelsin- och valnötskaka

Gör en 20 cm / 8 tum kaka

100 g / 4 oz / ½ kopp smör eller margarin, uppmjukat

100 g / 4 oz / ½ kopp mjukt farinsocker

5 ml / 1 tsk mald kanel

5 ml / 1 tsk rivet apelsinskal

2 ägg, lätt vispade

15 ml / 1 msk apelsinjuice

100 g / 4 oz morötter, fint rivna

50 g / 2 oz / ½ kopp hackade blandade nötter

225 g / 8 oz / 2 koppar självhöjande mjöl (jäst)

5 ml / 1 tsk bakpulver

Grädde smör eller margarin, socker, kanel och apelsinskal tills det blir ljust och fluffigt. Tillsätt gradvis ägg och apelsinjuice, sedan morötter, valnötter, mjöl och bakpulver. Häll i en smord och klädd 20 cm/8" kakform och grädda i en förvärmd ugn vid 180°C/350°F/gasmark 4 i 45 minuter tills den är spänstig vid beröring.

Morot, ananas och kokos kaka

Gör en 25 cm / 10 tum kaka

3 ägg

350 g / 12 oz / 1½ koppar strösocker (superfint)

300 ml / ½ pt / 1¼ koppar olja

5 ml / 1 tsk vaniljessens (extrakt)

225 g / 8 oz / 2 koppar vanligt mjöl (alltså)

5 ml / 1 tsk bakpulver (bakpulver)

10 ml / 2 tsk mald kanel

5 ml / 1 tsk salt

225 g / 8 oz rivna morötter

100g / 4oz burk ananas, avrunnen och krossad

100 g / 4 oz / 1 kopp torkad kokosnöt (strimlad)

100 g / 4 oz / 1 kopp hackade blandade nötter

Flormelis (konditor), siktad, för avtorkning

Vispa ägg, socker, olja och vaniljessens. Blanda samman mjöl, bakpulver, kanel och salt och blanda gradvis i blandningen. Tillsätt morötter, ananas, kokos och valnötter. Placera i en smord och mjölad 25 cm/10" kakform och grädda i en förvärmd ugn vid 160°C/325°F/gasmark 3 i 1¼ timme, tills ett spett i mitten kommer ut rent. Låt stå till svalna i pannan i 10 minuter innan du överför till ett galler för att avsluta kylningen, pudra över florsocker innan servering.

Morot och pistagekaka

Gör en 23 cm / 9 tum kaka

100 g / 4 oz / ½ kopp smör eller margarin, uppmjukat

100 g / 4 oz / ½ kopp strösocker (superfint)

2 ägg

225 g / 8 oz / 2 koppar vanligt mjöl (alltså)

5 ml / 1 tsk bakpulver (bakpulver)

5 ml / 1 tsk mald kardemumma

225 g / 8 oz rivna morötter

50 g / 2 oz / ½ kopp pistagenötter, hackade

50 g / 2 oz / ½ kopp mald mandel

100 g / 4 oz / 2/3 kopp sultanor (gyllene russin)

Grädde smör eller margarin och socker tills det är ljust och fluffigt. Vispa gradvis i äggen, vispa ordentligt efter varje tillsats, tillsätt sedan mjöl, bakpulver och kardemumma. Tillsätt morötter, valnötter, mald mandel och russin. Häll blandningen i en smord och fodrad 23 cm/9" kakform och grädda i en förvärmd ugn vid 180°C/350°F/gasmark 4 i 40 minuter tills den är genomstekt, gyllene och fjädrande vid beröring.

Morot och valnötskaka

Gör en 23 cm / 9 tum kaka

200 ml / 7 fl oz / sparsamt 1 kopp olja

4 ägg

225 g / 8 oz / 2/3 kopp lätt honung

225 g / 8 oz / 2 koppar fullkornsvetemjöl (fullkornsvete)

10 ml / 2 tsk bakpulver

2,5 ml / ½ tsk bakpulver (bakpulver)

en nypa salt

5 ml / 1 tsk vaniljessens (extrakt)

175 g / 6 oz morötter, grovt rivna

175 g / 6 oz / 1 kopp russin

100 g / 4 oz / 1 kopp valnötter, finhackade

Blanda olja, ägg och honung. Blanda gradvis i alla återstående ingredienser och vispa tills det är väl blandat. Lägg i en smord och mjölad kakform (form) och grädda i en förvärmd ugn vid 180°C / 350°F / gasmark 4 i 1 timme, tills ett spett som sticks in i mitten kommer ut rent.

Kryddad morotskaka

Gör en 18 cm / 7 tum kaka

175 g / 6 oz / 1 kopp dadlar

120 ml / 4 fl oz / ½ kopp vatten

175 g / 6 oz / ¾ kopp smör eller margarin, uppmjukat

2 ägg, lätt vispade

225 g / 8 oz / 2 koppar självhöjande mjöl (jäst)

175 g / 6 oz morötter, fint rivna

25 g / 1 oz / ¼ kopp mald mandel

rivet skal av 1 apelsin

2,5 ml / ½ tsk blandade malda kryddor (äppelkaka)

2,5 ml / ½ tesked mald kanel

2,5 ml / ½ tsk mald ingefära

För glasyren (frosting):

350 g / 12 oz / 1½ koppar keso

25 g / 1 oz / 2 msk smör eller margarin, uppmjukat

rivet skal av 1 apelsin

Lägg dadlarna och vattnet i en liten kastrull, låt koka upp och låt sjuda i 10 minuter tills de är mjuka. Ta bort och släng stenarna (gropar), finhacka sedan dadlarna. Blanda dadlar och vätska, smör eller margarin och ägg tills det blir krämigt. Tillsätt alla resterande tårtingredienser. Häll blandningen i en smord och klädd 18 cm kakform (muffinsform) och grädda i en förvärmd ugn vid 180°C / 350°F / gasmark 4 i 1 timme, tills ett spett i mitten kommer ut rent. Låt svalna i pannan i 10 minuter innan du överför till ett galler för att avsluta kylningen.

För att göra frostingen, vispa alla ingredienserna till en slät, tillsätt lite mer apelsinjuice eller vatten om det behövs. Skär kakan på mitten horisontellt, lägg ihop lagren med hälften av frostingen och fördela resten ovanpå.

Morot och farinsockerkaka

Gör en 18 cm / 7 tum kaka

5 ägg, separerade

200g / 7oz / knappt 1 kopp mjukt farinsocker

15 ml / 1 msk citronsaft

300 g / 10 oz rivna morötter

225 g / 8 oz / 2 koppar mald mandel

25 g / 1 oz / ¼ kopp fullkornsvetemjöl (fullkornsvete)

5 ml / 1 tsk mald kanel

25 g / 1 oz / 2 msk smör eller margarin, smält

25 g / 1 oz / 2 msk strösocker (superfint)

30 ml / 2 matskedar enkel kräm (lätt)

75 g / 3 oz / ¾ kopp hackade blandade nötter

Vispa äggulorna tills det blir skum, vispa sockret jämnt och vispa sedan i citronsaften.Tillsätt en tredjedel av morötterna, sedan en tredjedel av mandeln och fortsätt så tills allt är blandat. Tillsätt mjöl och kanel. Vispa äggvitorna tills de blir hårda och vänd sedan ner dem i blandningen med en metallsked. Häll i en smord och fodrad 18 cm/7 djup kakform (form) och grädda i en förvärmd ugn vid 180°C/350°F/gasmark 4 i 1 timme. Täck kakan löst med absorberande (vax)papper och sänk ugnstemperaturen till 160°C/325°F/gasmarkering 3 i ytterligare 15 minuter, eller tills kakan krymper något från sidorna av formen och mitten är stilla våt. .

Kombinera smält smör eller margarin, socker, grädde och valnötter, häll över kakan och rosta på medelstor grillplatta (broilers) tills den är gyllenbrun.

Zucchini och märgpaj

Gör en 20 cm / 8 tum kaka

225 g / 8 oz / 1 kopp strösocker (superfint)

2 vispade ägg

120 ml / 4 fl oz / ½ kopp olja

100 g / 4 oz / 1 kopp vanligt mjöl (alltså)

5 ml / 1 tsk bakpulver

2,5 ml / ½ tsk bakpulver (bakpulver)

2,5 ml / ½ tsk salt

100 g / 4 oz zucchini (zucchini), riven

100 g / 4 oz krossad ananas

50 g / 2 oz / ½ kopp valnötter, hackade

5 ml / 1 tsk vaniljessens (extrakt)

Vispa sockret och äggen tills det är ljust och väl blandat. Vispa i oljan och sedan de torra ingredienserna. Tillsätt zucchini, ananas, nötter och vaniljessens. Lägg i en smord och mjölad kakform (form) och grädda i en förvärmd ugn vid 180°C / 350°F / gasmark 4 i 1 timme, tills ett spett som sticks in i mitten kommer ut rent. Låt svalna i pannan i 30 minuter innan du överför till ett galler för att avsluta kylningen.

Zucchini och apelsinkaka

Gör en 25 cm / 10 tum kaka

225 g / 8 oz / 1 kopp smör eller margarin, uppmjukat

450 g / 1 lb / 2 koppar mjukt farinsocker

4 ägg, lätt vispade

275 g / 10 oz / 2½ koppar vanligt mjöl (alltså)

15 ml / 1 msk bakpulver

2,5 ml / ½ tsk salt

5 ml / 1 tsk mald kanel

2,5 ml / ½ tsk riven muskotnöt

En nypa mald kryddnejlika

Rivet skal och saft av 1 apelsin

225 g / 8 oz / 2 koppar zucchini (squash), riven

Grädde smör eller margarin och socker tills det är ljust och fluffigt. Vispa äggen gradvis och tillsätt sedan mjöl, bakpulver, salt och kryddor, omväxlande med apelsinskal och juice. Tillsätt zucchinin. Häll i en smord och klädd 25 cm/10" kakform och grädda i en förvärmd ugn vid 180°C/350°F/gas markera 4 i 1 timme tills den är gyllenbrun och fjädrande vid beröring. Om toppen börjar bryna för mycket mot slutet av gräddningen, täck den med fettabsorberande (vax)papper.

Kryddig zucchinipaj

Gör en 25 cm / 10 tum kaka

350 g / 12 oz / 3 koppar vanligt mjöl (alltså)

10 ml / 2 tsk bakpulver

7,5 ml / 1½ tsk mald kanel

5 ml / 1 tsk bakpulver (bakpulver)

2,5 ml / ½ tsk salt

8 äggvitor

450 g / 1 lb / 2 koppar strösocker (superfint)

100 g / 4 oz / 1 kopp äppelmos (sås)

120 ml / 4 fl oz / ½ kopp kärnmjölk

15 ml / 1 msk vanilj essens (extrakt)

5 ml / 1 tsk finrivet apelsinskal

350 g / 12 oz / 3 koppar zucchini (squash), riven

75 g / 3 oz / ¾ kopp valnötter, hackade

Till dressingen:

100 g / 4 oz / ½ kopp färskost

25 g / 1 oz / 2 msk smör eller margarin, uppmjukat

5 ml / 1 tsk finrivet apelsinskal

10 ml / 2 tsk apelsinjuice

350 g / 12 oz / 2 koppar strösocker (konditorsocker), siktat

Blanda de torra ingredienserna. Vispa äggvitorna tills de bildar mjuka toppar. Tillsätt långsamt sockret, sedan äppelmos, kärnmjölk, vaniljessens och apelsinskal. Tillsätt mjölblandningen, sedan zucchinin och valnötterna. Lägg i en smord och mjölad 25 cm/10" kakform och grädda i en förvärmd ugn vid 150°C/300°F/gasmark 2 i 1 timme tills ett spett som sticks in i mitten kommer ut rent. Låt svalna i formen.

Vispa alla ingredienser till toppingen tills den är slät, tillsätt precis tillräckligt med socker för att få en bredbar konsistens. Bred ut över den avsvalnade kakan.

Pumpa tårta

Gör en tårta på 23 x 33 cm / 9 x 13 tum

450 g / 1 lb / 2 koppar strösocker (superfint)

4 uppvispade ägg

375 ml / 13 fl oz / 1½ koppar olja

350 g / 12 oz / 3 koppar vanligt mjöl (alltså)

15 ml / 1 msk bakpulver

10 ml / 2 tsk bakpulver (bakpulver)

10 ml / 2 tsk mald kanel

2,5 ml / ½ tsk mald ingefära

en nypa salt

225 g tärnad kokt pumpa

100 g / 4 oz / 1 kopp valnötter, hackade

Vispa sockret och äggen ordentligt och tillsätt sedan oljan. Blanda resten av ingredienserna. Lägg i en smord och mjölad 23 x 33 cm / 9 x 13 form (form) och grädda i en förvärmd ugn vid 180 °C / 350 °F / gasmark 4 i 1 timme, tills ett isatt spett kommer ut. rent centrum.

Pumpapaj med frukt

Gör en 20 cm / 8 tum kaka

100 g / 4 oz / ½ kopp smör eller margarin, uppmjukat

150 g / 5 oz / 2/3 kopp mjukt farinsocker

2 ägg, lätt vispade

225 g / 8 oz kall kokt pumpa

30 ml / 2 msk gyllene sirap (ljus majs)

8 oz / 225 g 1/1/3 koppar blandad torkad frukt (fruktkakamix)

225 g / 8 oz / 2 koppar självhöjande mjöl (jäst)

50 g / 2 oz / ½ kopp kli

Grädde smör eller margarin och socker tills det är ljust och fluffigt. Tillsätt gradvis äggen och tillsätt sedan resten av ingredienserna. Placera i en smord och klädd 20 cm / 8 i kakform (form) och grädda i en förvärmd ugn vid 160 °C / 325 °F / gasmark 3 i 1¼ timme, tills ett spett i mitten kommer ut rent.

Pumpa krydda rulle

Gör en 30 cm / 12 in. rulla.

75 g / 3 oz / ¾ kopp vanligt mjöl (alltså)

5 ml / 1 tsk bakpulver (bakpulver)

5 ml / 1 tsk mald ingefära

2,5 ml / ½ tsk riven muskotnöt

10 ml / 2 tsk mald kanel

en nypa salt

1 ägg

225 g / 8 oz / 1 kopp strösocker (superfint)

100 g / 4 oz kokt pumpa, tärnad

5 ml / 1 tsk citronsaft

4 äggvitor

50 g / 2 oz / ½ kopp valnötter, hackade

50 g / 2 oz / 1/3 kopp strösocker (konditorsocker), siktat

För fyllningen:

175 g / 6 oz / 1 kopp strösocker (konditorsocker), siktat

100 g / 4 oz / ½ kopp färskost

2,5 ml / ½ tesked vaniljessens (extrakt)

Blanda mjöl, bakpulver, kryddor och salt. Vispa ägget tjockt och blekt, tillsätt sedan sockret tills blandningen är blek och krämig. Tillsätt pumpa och citronsaft. Tillsätt mjölblandningen. I en ren skål, vispa vitorna tills de blir styva. Vik i kakblandningen och bred ut på en smord och klädd 30 x 12 cm / 12 x 8 rullform och strö valnötterna ovanpå. Grädda i en förvärmd ugn vid 190°C/375°F/gasmarkering 5 i 10 minuter tills den är spänstig vid beröring. Sikta strösockret på en ren hushållspapper (kökshandduk) och vänd upp kakan på duken. Ta bort fodret och rulla ihop kakan och handduken och låt svalna.

För att göra fyllningen, vispa gradvis sockret med färskosten och vaniljessensen tills en bredbar blandning erhålls. Kavla ut kakan och bred ut fyllningen ovanpå. Rulla kakan igen och svalna innan servering, strö över lite mer florsocker.

rabarber och pepparkakor

Gör två 450g / 1lb kakor

250 g / 9 oz / ¾ kopp lätt honung

100 ml / 4 fl oz / ½ kopp olja

1 ägg

5 ml / 1 tsk bakpulver (bakpulver)

60 ml / 4 matskedar vatten

350 g / 12 oz / 3 koppar fullkornsvetemjöl (helvete)

10 ml / 2 teskedar salt

350 g / 12 oz rabarber, finhackad

5 ml / 1 tsk vaniljessens (extrakt)

50 g / 2 oz / ½ kopp hackade blandade nötter (valfritt)

Till dressingen:

75 g / 3 oz / 1/3 kopp farinsocker

5 ml / 1 tsk mald kanel

15 g / ½ oz / 1 msk smör eller margarin, uppmjukat

Blanda honung och olja. Tillsätt ägget och vispa väl. Tillsätt bakpulver i vattnet och låt det lösas upp. Blanda mjöl och salt. Tillsätt till honungsblandningen växelvis med bakpulverblandningen. Tillsätt rabarber, vaniljessens och valnötter, om du använder. Häll i två smorda 450g/1lb ramekins. Blanda ingredienserna till toppingen och fördela den över tårtblandningen. Grädda i en förvärmd ugn vid 180°C/350°F/gasmarkering 4 i 1 timme tills den blir fjädrande vid beröring.

Sötpotatispaj

Gör en 23 cm / 9 tum kaka

300g / 11oz / 2¾ koppar vanligt mjöl (alltså)

15 ml / 1 msk bakpulver

5 ml / 1 tsk mald kanel

5 ml / 1 tsk riven muskotnöt

en nypa salt

350 g / 12 oz / 1¾ koppar pulveriserat (superfint) socker

375 ml / 13 fl oz / 1½ koppar olja

60 ml / 4 matskedar kokt vatten

4 ägg, separerade

8 oz / 225 g sötpotatis, skalad och grovt riven

100 g / 4 oz / 1 kopp hackade blandade nötter

5 ml / 1 tsk vaniljessens (extrakt)

För glasyren (frosting):
225 g / 8 oz / 11/3 koppar strösocker (konditorsocker), siktat

50 g / 2 oz / ¼ kopp smör eller margarin, uppmjukat

250 g / 9 oz / 1 medium färskost i badkar

50 g / 2 oz / ½ kopp hackade blandade nötter

En nypa mald kanel att torka av

Blanda mjöl, bakpulver, kanel, muskotnöt och salt. Vispa i socker och olja, tillsätt sedan kokande vatten och vispa tills det är väl blandat. Tillsätt äggulor och mjölblandningen och blanda tills det är väl blandat. Tillsätt sötpotatis, valnötter och vaniljessens. Vispa äggvitorna tills de blir styva och vänd sedan ner dem i blandningen. Häll upp i två smorda och mjölade kakformar

(formar) och grädda i en förvärmd ugn vid 180°C/350°F/gasmark 4 i 40 minuter tills de är spänstiga. Kyl i formarna i 5 minuter och lägg sedan över till ett galler för att avsluta kylningen.

Blanda florsockret, smöret eller margarinet och hälften av färskosten. Bred hälften av resterande färskost på en tårta, bred sedan frostingen över osten. Smöra ihop kakorna. Fördela resterande färskost ovanpå och strö valnötter och kanel ovanpå innan servering.

Italiensk mandelkaka

Gör en 20 cm / 8 tum kaka

1 ägg

150 ml / ¼ pt / 2/3 kopp mjölk

2,5 ml / ½ tesked mandelessens (extrakt)

45 ml / 3 msk smält smör

350 g / 12 oz / 3 koppar vanligt mjöl (alltså)

100 g / 4 oz / ½ kopp strösocker (superfint)

10 ml / 2 tsk bakpulver

2,5 ml / ½ tsk salt

1 äggvita

100 g / 4 oz / 1 kopp hackad mandel

Vispa ägget i en skål och tillsätt sedan mjölken, mandelessensen och det smälta smöret gradvis under konstant vispning. Tillsätt mjöl, socker, bakpulver och salt och fortsätt mixa tills det är slätt. Häll i en smord och klädd 20 cm/8" kakform. Vispa äggvitorna tills det blir skum, fördela sedan generöst över toppen av kakan och strö över mandeln. Grädda i en förvärmd ugn vid 220°C/425°F/gas markera 7 i 25 minuter tills den är gyllenbrun och fjädrande vid beröring.

Mandelkaka och kaffe

Gör en 23 cm / 9 tum kaka

8 ägg, separerade

175 g / 6 oz / ¾ kopp strösocker (superfint)

60 ml / 4 msk starkt svart kaffe

175 g / 6 oz / 1½ koppar mald mandel

45 ml / 3 msk mannagryn (grädde av vete)

100 g / 4 oz / 1 kopp vanligt mjöl (alltså)

Vispa äggulor och socker mycket tjockt och krämigt. Tillsätt kaffe, mald mandel och mannagryn och vispa väl. Tillsätt mjölet. Vispa äggvitorna tills de blir styva och vänd sedan ner dem i blandningen. Häll i en smord 23 cm / 9 i kakform (form) och grädda i en förvärmd ugn vid 180 °C / 350 °F / gasmark 4 i 45 minuter tills den är spänstig vid beröring.

Mandel och pepparkakor

Gör en 20 cm / 8 tum kaka

225 g / 8 oz rivna morötter

75 g / 3 oz / ¾ kopp mandel, hackad

2 vispade ägg

100 ml / 4 fl oz / ½ kopp ljus honung

60 ml / 4 matskedar olja

150 ml / ¼ pt / 2/3 kopp mjölk

150 g / 5 oz / 1¼ koppar fullkornsvetemjöl (fullkornsvete)

10 ml / 2 teskedar salt

10 ml / 2 tsk bakpulver (bakpulver)

15 ml / 1 msk mald kanel

Blanda morötter och nötter. Vispa äggen med honung, olja och mjölk och tillsätt sedan morotsblandningen. Blanda mjöl, salt, bakpulver och kanel och tillsätt morotsblandningen. Häll blandningen i en smord och fodrad 20 cm / 8 tums fyrkantig form (form) och grädda i en förvärmd ugn vid 150 °C / 300 °F / gasmark 2 i 1¾ timmar, tills ett spett i mitten kommer ut rent.. Låt svalna i pannan i 10 minuter innan du tar bort.

Citron- och mandelkaka

Gör en 23 cm / 9 tum kaka

25 g / 1 oz / ¼ kopp flingad mandel (skivad)

100 g / 4 oz / ½ kopp smör eller margarin, uppmjukat

100 g / 4 oz / ½ kopp mjukt farinsocker

2 vispade ägg

100 g / 4 oz / 1 kopp självhöjande mjöl

rivet skal av 1 citron

Till sirapen:
75 g / 3 oz / 1/3 kopp pulveriserat (superfint) socker

45-60 ml / 3-4 msk citronsaft

Smörj och klä en 23 cm kakform (form) och strö mandeln på botten. Grädde smör och farinsocker. Vispa i äggen ett i taget och tillsätt sedan mjöl och citronskal. Häll i den förberedda formen och jämna till ytan. Grädda i en förvärmd ugn vid 180°C/350°F/gasmarkering 4 i 20 till 25 minuter, tills de är väl jäst och fjädrande vid beröring.

Värm under tiden strösocker och citronsaft i en stekpanna, rör om då och då, tills sockret har löst sig. Ta ut kakan ur ugnen och låt den svalna i 2 minuter, vänd sedan ut den på ett galler med botten uppåt. Häll i sirapen med en sked och låt den svalna helt.

Mandelkaka med apelsin

Gör en 20 cm / 8 tum kaka

225 g / 8 oz / 1 kopp smör eller margarin, uppmjukat

225 g / 8 oz / 1 kopp strösocker (superfint)

4 ägg, separerade

225 g / 8 oz / 2 koppar vanligt mjöl (alltså)

10 ml / 2 tsk bakpulver

50 g / 2 oz / ½ kopp mald mandel

5 ml / 1 tsk rivet apelsinskal

Grädde smör eller margarin och socker tills det är ljust och fluffigt. Vispa äggulorna och tillsätt sedan mjöl, bakpulver, mald mandel och apelsinskal. Vispa äggvitorna tills de blir hårda och vänd sedan ner dem i blandningen med en metallsked. Placera i en smord och fodrad 20 cm / 8 i tårtform (panna) och grädda i en förvärmd ugn vid 180 °C / 350 °F / gasmark 4 i 1 timme, tills ett spett i mitten kommer ut rent.

rik mandelkaka

Gör en 18 cm / 7 tum kaka

100 g / 4 oz / ½ kopp smör eller margarin, uppmjukat

150 g / 5 oz / 2/3 kopp pulveriserat (superfint) socker

3 ägg, lätt vispade

75 g / 3 oz / ¾ kopp mald mandel

50 g / 2 oz / ½ kopp vanligt mjöl (allt för ändamål)

Några droppar mandelessens (extrakt)

Grädde smör eller margarin och socker tills det är ljust och fluffigt. Tillsätt gradvis äggen och tillsätt sedan mald mandel, mjöl och mandelessens. Häll i en smord och klädd 18 cm/7" kakform och grädda i en förvärmd ugn vid 180°C/350°F/gasmark 4 i 45 minuter tills den är spänstig vid beröring.

Svensk makaronkaka

Gör en 23 cm / 9 tum kaka

100 g / 4 oz / 1 kopp mald mandel

75 g / 3 oz / 1/3 kopp strösocker

5 ml / 1 tsk bakpulver

2 stora äggvitor, vispade

Blanda mandel, socker och bakpulver. Rör ner äggvitan tills blandningen är tjock och slät. Häll i en smord och fodrad 23 cm/9" smörgåspanna (panna) och grädda i en förvärmd ugn vid 160°C/325°F/gasmark 3 i 20-25 minuter tills den precis har jäst och blivit gyllenbrun. Ta bort mycket försiktigt från form, eftersom kakan är skör.

kokosbröd

Gör en limpa på 450 g / 1 lb

100 g / 4 oz / 1 kopp självhöjande mjöl

225 g / 8 oz / 1 kopp strösocker (superfint)

100 g / 4 oz / 1 kopp torkad kokosnöt (strimlad)

1 ägg

120 ml / 4 fl oz / ½ kopp mjölk

en nypa salt

Blanda alla ingredienser väl och häll i en smord och fodrad 450g/1lb brödform. Grädda i en förvärmd ugn vid 180°C/350°F/gasmarkering 4 i ca. 1 timme, tills den är gyllenbrun och fjädrande vid beröring.

kokospaj

Gör en 23 cm / 9 tum kaka

75 g / 3 oz / 1/3 kopp smör eller margarin

150 ml / ¼ pt / 2/3 kopp mjölk

2 ägg, lätt vispade

225 g / 8 oz / 1 kopp strösocker (superfint)

150 g / 5 oz / 1¼ koppar självhöjande mjöl (jäst)

en nypa salt

Till dressingen:
100 g / 4 oz / ½ kopp smör eller margarin

75 g / 3 oz / ¾ kopp torkad kokos (strimlad)

60 ml / 4 msk ljus honung

45 ml / 3 msk mjölk

50 g / 2 oz / ¼ kopp mjukt farinsocker

Smält smöret eller margarinet i mjölken och låt svalna lite. Vispa ägg och strösocker ljust och fluffigt, vänd sedan ner smör- och mjölkblandningen, tillsätt mjöl och salt till en ganska fin blandning. Häll i en smord och fodrad 23 cm/9" kakform och grädda i en förvärmd ugn vid 180°C/350°F/gasmark 4 i 40 minuter tills den är gyllenbrun och fjädrande vid beröring.

Låt under tiden ingredienserna till toppingen koka upp i en stekpanna. Lägg på den varma kakan och häll på toppingsblandningen. Ställ under en het grill (broilers) i några minuter tills toppingen börjar få färg.

gyllene kokosnötskaka

Gör en 20 cm / 8 tum kaka

100 g / 4 oz / ½ kopp smör eller margarin, uppmjukat

200g / 7oz / knappt 1 kopp pulveriserat (superfint) socker

200g / 7oz / 1¾ koppar vanligt mjöl (alltså)

10 ml / 2 tsk bakpulver

en nypa salt

175 ml / 6 fl oz / ¾ kopp mjölk

3 äggvitor

För fyllning och topping:

150 g / 5 oz / 1¼ koppar torkad kokos (strimlad)

200g / 7oz / knappt 1 kopp pulveriserat (superfint) socker

120 ml / 4 fl oz / ½ kopp mjölk

120 ml / 4 fl oz / ½ kopp vatten

3 äggulor

Grädde smör eller margarin och socker tills det är ljust och fluffigt. Rör ner mjöl, bakpulver och salt i blandningen växelvis med mjölk och vatten tills du har en smidig deg. Vispa äggvitorna tills de blir hårda och vänd sedan ner dem i smeten. Häll blandningen i två smorda 20 cm/8-tums kakformar och grädda i en förvärmd ugn vid 180°C/350°F/gasmark 4 i 25 minuter, tills den är spänstig vid beröring. Låt svalna.

Lägg kokos, socker, mjölk och äggulor i en liten kastrull. Värm på låg värme i några minuter tills äggen är kokta under konstant omrörning. Låt svalna. Pensla kakorna med hälften av kokosblandningen och häll sedan resten ovanpå.

Kokos toppad tårta

Gör en tårta på 9 x 18 cm / 3½ x 7

100 g / 4 oz / ½ kopp smör eller margarin, uppmjukat

175 g / 6 oz / ¾ kopp strösocker (superfint)

3 ägg

175 g / 6 oz / 1½ koppar vanligt mjöl (alltså)

5 ml / 1 tsk bakpulver

175 g / 6 oz / 1 kopp sultanor (gyllene russin)

120 ml / 4 fl oz / ½ kopp mjölk

6 vanliga kex (kakor), krossade

100 g / 4 oz / ½ kopp mjukt farinsocker

100 g / 4 oz / 1 kopp torkad kokosnöt (strimlad)

Vispa smör eller margarin och strösocker ljust och pösigt. Vispa två av äggen gradvis och tillsätt sedan mjöl, bakpulver och sultaner omväxlande med mjölken. Häll hälften av blandningen i en smord och fodrad 450g/1lb brödform. Blanda resterande ägg med kaka, farinsocker och kokos och strö i formen. Häll i resten av blandningen och grädda i en förvärmd ugn vid 180 °C / 350 °F / gasmark 4 i 1 timme. Kyl i pannan i 30 minuter, överför sedan till ett galler för att avsluta kylningen.

kokos- och citronkaka

Gör en 20 cm / 8 tum kaka

100 g / 4 oz / ½ kopp smör eller margarin, uppmjukat

75 g / 3 oz / 1/3 kopp mjukt farinsocker

rivet skal av 1 citron

1 uppvispat ägg

Några droppar mandelessens (extrakt)

350 g / 12 oz / 3 koppar självhöjande mjöl

60 ml / 4 msk hallonsylt (reserv)

Till dressingen:
1 uppvispat ägg

75 g / 3 oz / 1/3 kopp mjukt farinsocker

225 g / 8 oz / 2 koppar torkad kokos (strimlad)

Grädde smör eller margarin, socker och citronskal tills det blir ljust och luftigt. Tillsätt gradvis ägg- och mandelessens och tillsätt sedan mjölet. Häll blandningen i en smord och fodrad 20cm/8" kakform. Häll sylten över blandningen. Vispa ingredienserna till toppingen och bred över blandningen. Grädda i en förvärmd ugn vid 180°C/350°F/gasmark 4 i 30 minuter tills den är elastisk vid beröring Låt svalna i formen.

Nyårs kokosnötskaka

Gör en 18 cm / 7 tum kaka

100 g / 4 oz / ½ kopp smör eller margarin, uppmjukat

100 g / 4 oz / ½ kopp strösocker (superfint)

2 ägg, lätt vispade

75 g / 3 oz / ¾ kopp vanligt mjöl (alltså)

45 ml / 3 msk torkad kokos (strimlad)

30 ml / 2 msk rom

Några droppar mandelessens (extrakt)

Några droppar citronessens (extrakt)

Vispa smör och socker ljust och pösigt. Vispa äggen gradvis och tillsätt sedan mjöl och kokos. Tillsätt rom och essenser. Häll i en smord och fodrad 18 cm/7" kakform (form) och jämna till ytan. Grädda i en förvärmd ugn vid 190°C / 375°F / gasmark 5 i 45 minuter, tills ett spett som sticks in i mitten kommer ut rengör ren ut Låt svalna i plåten.

Kokos- och sultanatårta

Gör en 23 cm / 9 tum kaka

100 g / 4 oz / ½ kopp smör eller margarin, uppmjukat

175 g / 6 oz / ¾ kopp strösocker (superfint)

2 ägg, lätt vispade

175 g / 6 oz / 1½ koppar vanligt mjöl (alltså)

5 ml / 1 tsk bakpulver

en nypa salt

175 g / 6 oz / 1 kopp sultanor (gyllene russin)

120 ml / 4 fl oz / ½ kopp mjölk

För fyllningen:

1 ägg, lätt uppvispat

50 g / 2 oz / ½ kopp vanliga kaksmulor

100 g / 4 oz / ½ kopp mjukt farinsocker

100 g / 4 oz / 1 kopp torkad kokosnöt (strimlad)

Vispa smör eller margarin och strösocker ljust och pösigt. Tillsätt äggen gradvis. Vänd ner mjöl, bakpulver, salt och sultaner med tillräckligt med mjölk för att få en slät konsistens. Häll hälften av blandningen i en smord 9-tums kakform. Blanda ihop ingredienserna till fyllningen och häll blandningen över degen och toppa med resterande kakmix. Grädda i en förvärmd ugn vid 180°C / 350°F / gasmark 4 i 1 timme tills den är fjädrande vid beröring och börjar krympa från sidorna av pannan. Låt den svalna i formen innan du tar ut den.

krispig valnötskaka

Gör en 23 cm / 9 tum kaka

225 g / 8 oz / 1 kopp smör eller margarin, uppmjukat

225 g / 8 oz / 1 kopp strösocker (superfint)

2 ägg, lätt vispade

225 g / 8 oz / 2 koppar vanligt mjöl (alltså)

2,5 ml / ½ tsk bakpulver (bakpulver)

2,5 ml / ½ tesked grädde av tandsten

200 ml / 7 fl oz / knappa 1 kopp mjölk

Till dressingen:
100 g / 4 oz / 1 kopp hackade blandade nötter

100 g / 4 oz / ½ kopp mjukt farinsocker

5 ml / 1 tsk mald kanel

Vispa smör eller margarin och strösocker ljust och pösigt. Vispa äggen gradvis och tillsätt sedan mjöl, bakpulver och grädde av tartar omväxlande med mjölken. Häll i en smord och fodrad 9-tums kakform (panna). Blanda ihop valnötter, farinsocker och kanel och strö ovanpå kakan. Grädda i en förvärmd ugn vid 180°C/350°F/gasmarkering 4 i 40 minuter, tills de är gyllenbruna och sidorna av pannan krymper. Kyl i pannan i 10 minuter, överför sedan till ett galler för att avsluta kylningen.

Blandad nötkaka

Gör en 23 cm / 9 tum kaka

100 g / 4 oz / ½ kopp smör eller margarin, uppmjukat

225 g / 8 oz / 1 kopp strösocker (superfint)

1 uppvispat ägg

225 g / 8 oz / 2 koppar självhöjande mjöl (jäst)

10 ml / 2 tsk bakpulver

en nypa salt

250 ml / 8 fl oz / 1 kopp mjölk

5 ml / 1 tsk vaniljessens (extrakt)

2,5 ml / ½ tesked citronessens (extrakt)

100 g / 4 oz / 1 kopp hackade blandade nötter

Grädde smör eller margarin och socker tills det är ljust och fluffigt. Tillsätt ägget gradvis. Blanda mjöl, bakpulver och salt och tillsätt blandningen omväxlande med mjölk och essenser. Vik i nötterna. Häll i två smorda och klädda 23 cm / 9 kakformar och grädda i en förvärmd ugn på 180 ° F / 350 ° F / gasmark 4 i 40 minuter, tills ett spett i mitten kommer ut rent.

Grekisk valnötstårta

Gör en 25 cm / 10 tum kaka

100 g / 4 oz / ½ kopp smör eller margarin, uppmjukat

225 g / 8 oz / 1 kopp strösocker (superfint)

3 ägg, lätt vispade

250 g / 9 oz / 2¼ koppar vanligt mjöl (alltså)

225 g / 8 oz / 2 koppar malda valnötter

10 ml / 2 tsk bakpulver

5 ml / 1 tsk mald kanel

1,5 ml / ¼ tsk mald kryddnejlika

en nypa salt

75 ml / 5 msk mjölk

Till honungssirapen:

175 g / 6 oz / ¾ kopp strösocker (superfint)

75 g / 3 oz / ¼ kopp lätt honung

15 ml / 1 msk citronsaft

250 ml / 8 fl oz / 1 kopp kokande vatten

Grädde smör eller margarin och socker tills det är ljust och fluffigt. Tillsätt gradvis äggen, tillsätt sedan mjöl, nötter, bakpulver, kryddor och salt. Tillsätt mjölk och blanda tills det är slätt. Häll i en smord och mjölad 25 cm/10" kakform (form) och grädda i en förvärmd ugn vid 180°C/350°F/gasmark 4 i 40 minuter tills den är fjädrande vid beröring. Låt svalna i formen i 10 minuter minuter och överför sedan till ett galler.

För att göra sirapen, blanda socker, honung, citronsaft och vatten och värm tills det löst sig. Pricka hela den varma kakan med en gaffel och häll sedan i honungssirapen.

valnötsglasstårta

Gör en 18 cm / 7 tum kaka

100 g / 4 oz / ½ kopp smör eller margarin, uppmjukat

100 g / 4 oz / ½ kopp strösocker (superfint)

2 ägg, lätt vispade

100 g / 4 oz / 1 kopp självhöjande mjöl

100 g / 4 oz / 1 kopp valnötter, hackade

en nypa salt

För glasyren (frosting):
450 g / 1 lb / 2 koppar strösocker

150 ml / ¼ pt / 2/3 kopp vatten

2 äggvitor

Några valnötshalvor att dekorera

Vispa smör eller margarin och strösocker ljust och pösigt. Tillsätt gradvis äggen och tillsätt sedan mjöl, valnötter och salt. Häll blandningen i två smorda och klädda 18 cm/7" kakformar (formar) och grädda i en förvärmd ugn vid 180°C/350°F/gasmark 4 i 25 minuter tills den är väl jäst och spänstig. Låt svalna.

Lös upp strösockret i vattnet på låg värme under konstant omrörning, låt sedan koka upp och fortsätt koka utan omrörning tills en droppe av blandningen bildar en slät boll när den släpps i kallt vatten. Vispa under tiden äggvitan i en ren bunke tills den blir hård. Häll sirapen över äggvitorna och vispa tills blandningen är tillräckligt tjock för att täcka baksidan av en sked. Bred ett lager frosting över kakorna, fördela sedan resten över toppen och sidorna av kakan och dekorera med valnötshalvor.

Valnötstårta med chokladkräm

Gör en 18 cm / 7 tum kaka

3 ägg

75 g / 3 oz / 1/3 kopp mjukt farinsocker

50 g / 2 oz / ½ kopp fullkornsvetemjöl (fullkornsvete)

25 g / 1 oz / ¼ kopp kakaopulver (osötad choklad)

För glasyren (frosting):
150 g / 5 oz / 1¼ koppar vanlig (halvsöt) choklad

225 g / 8 oz / 1 kopp låg fetthalt färskost

45 ml / 3 msk florsocker (konditorer), siktad

75 g / 3 oz / ¾ kopp valnötter, hackade

15 ml / 1 msk konjak (valfritt)

Riven choklad till dekoration

Vispa ägg och socker ljust och tjockt. Tillsätt mjöl och kakao. Häll blandningen i två smorda och fodrade 18 cm/7" smörgåsformar (pannor) och grädda i en förvärmd ugn vid 190°C/375°F/gasmärke 5 i 15-20 minuter tills den är väl jäst och fjädrande vid beröring. ut dem ur formarna och låt dem svalna.

Smält chokladen i en värmesäker skål över en kastrull med sjudande vatten. Ta bort från värmen och tillsätt färskost och strösocker, sedan valnötter och konjak, om du använder. Bred ut tårtorna med det mesta av fyllningen och fördela resten ovanpå. Garnera med riven choklad.

Valnötstårta med honung och kanel

Gör en 23 cm / 9 tum kaka

225 g / 8 oz / 2 koppar vanligt mjöl (alltså)

10 ml / 2 tsk bakpulver

5 ml / 1 tsk bakpulver (bakpulver)

5 ml / 1 tsk mald kanel

en nypa salt

100 g / 4 oz / 1 kopp vanlig yoghurt

75 ml / 5 matskedar olja

100 g / 4 oz / 1/3 kopp ljus honung

1 ägg, lätt uppvispat

5 ml / 1 tsk vaniljessens (extrakt)

För fyllningen:

50 g / 2 oz / ½ kopp hackade valnötter

225 g / 8 oz / 1 kopp mjukt farinsocker

10 ml / 2 tsk mald kanel

30 ml / 2 msk olja

Blanda de torra ingredienserna till kakan och gör en brunn i mitten. Vispa resten av tårtingredienserna och blanda med de torra ingredienserna. Blanda ingredienserna till fyllningen. Häll hälften av tårtblandningen i en smord och mjölad 23 cm kakform (form) och strö över hälften av fyllningen. Tillsätt den återstående kakmixen och sedan den återstående fyllningen. Grädda i en förvärmd ugn vid 180°C/350°F/gasmarkering 4 i 30 minuter tills de är väl jäst och gyllenbruna och börjar krympa från sidorna av pannan.

Mandel och honungsbarer

10 sedan

15 g / ½ oz färsk jäst eller 20 ml / 4 teskedar torr jäst

45 ml / 3 msk strösocker (superfint)

120 ml / 4 fl oz / ½ kopp varm mjölk

300g / 11oz / 2¾ koppar vanligt mjöl (alltså)

en nypa salt

1 ägg, lätt uppvispat

50 g / 2 oz / ¼ kopp smör eller margarin, uppmjukat

300 ml / ½ pt / 1¼ koppar dubbelkräm (tung)

30 ml / 2 msk florsocker (konditorer), siktad

45 ml / 3 msk ljus honung

300 g / 11 oz / 2¾ koppar flingad mandel (skivad)

Blanda jäst, 5 ml / 1 tsk strösocker och lite mjölk och låt stå på en varm plats i 20 minuter tills det skummar. Blanda resten av sockret med mjöl och salt och gör en brunn i mitten. Blanda gradvis i ägg, smör eller margarin, jästblandningen och den återstående varma mjölken och blanda tills det är slätt. Knåda på en lätt mjölad yta tills den är slät och elastisk. Lägg i en oljad skål, täck med oljad plastfolie (plastfolie) och låt stå på en varm plats i 45 minuter tills den är dubbelt så stor.

Knåda degen igen, kavla sedan ut och lägg i en smord 30 x 20 cm / 12 x 8 form (form), sticka över den med en gaffel, täck över och låt stå på en varm plats i 10 minuter.

Häll 120 ml / 4 fl oz / ½ kopp grädde, florsocker och honung i en liten kastrull och låt koka upp. Ta av från värmen och blanda med mandeln. Bred ut över smeten och grädda sedan i en förvärmd ugn vid 200°C/400°F/gasmark 6 i 20 minuter tills den är gyllenbrun och fjädrande vid beröring, täck med bakplåtspapper (vax) om toppen börjar få färg för tidigt. slutet av tillagningen. Stäng av och låt svalna.

Skär kakan på mitten horisontellt. Vispa resterande grädde tills den blir styv och bred över den nedre halvan av kakan. Toppa med den mandeltäckta kakhalvan och skär i stänger.

Smulbars av äpple och svarta vinbär

12 sedan

175 g / 6 oz / 1½ koppar vanligt mjöl (alltså)

5 ml / 1 tsk bakpulver

en nypa salt

175 g / 6 oz / ¾ kopp smör eller margarin

225 g / 8 oz / 1 kopp mjukt farinsocker

100 g / 4 oz / 1 kopp havregryn

450 g / 1 lb kokande (sårta) äpplen, skalade, urkärnade och skivade

30 ml / 2 msk majsmjöl (majsstärkelse)

10 ml / 2 tsk mald kanel

2,5 ml / ½ tsk riven muskotnöt

2,5 ml / ½ tesked mald för alla ändamål

225 g / 8 oz svarta vinbär

Blanda mjöl, bakpulver och salt och gnid sedan i smöret eller margarinet, tillsätt sockret och havren. Häll hälften i botten av en 9/25 cm fyrkantig kakform, smord och klädd. Blanda äpplen, majsstärkelse och kryddor och bred ut. Toppa med svarta vinbär. Häll i resten av blandningen och jämna till toppen. Grädda i en förvärmd ugn vid 180°C/350°F/gasmarkering 4 i 30 minuter tills den blir spänstig. Låt svalna och skär sedan i stänger.

Aprikos och havre barer

Gör 24

75 g / 3 oz / ½ kopp torkade aprikoser

25 g / 1 oz / 3 msk sultanor (gyllene russin)

250 ml / 8 fl oz / 1 kopp vatten

5 ml / 1 tsk citronsaft

150 g / 5 oz / 2/3 kopp mjukt farinsocker

50 g / 2 oz / ½ kopp torkad kokos (strimlad)

50 g / 2 oz / ½ kopp vanligt mjöl (allt för ändamål)

2,5 ml / ½ tsk bakpulver (bakpulver)

100 g / 4 oz / 1 kopp havregryn

50 g / 2 oz / ¼ kopp smör, smält

Lägg aprikoser, russin, vatten, citronsaft och 30ml / 2 msk farinsocker i en liten kastrull och rör om på låg värme tills det tjocknar. Tillsätt kokos och låt svalna. Blanda samman mjöl, bakpulver, havre och resterande socker, blanda sedan i det smälta smöret. Tryck ut hälften av havreblandningen i botten av en smord 20cm/8in fyrkantig bakform, fördela sedan aprikosblandningen ovanpå. Toppa med resterande havreblandning och tryck till lätt. Grädda i en förvärmd ugn vid 180°C/350°F/gasmarkering 4 i 30 minuter tills de är gyllenbruna. Låt svalna och skär sedan i stänger.

Aprikos knaprig

Gör 16

100 g / 4 oz / 2/3 kopp färdiga att äta torkade aprikoser

120 ml / 4 fl oz / ½ kopp apelsinjuice

100 g / 4 oz / ½ kopp smör eller margarin

75 g / 3 oz / ¾ kopp fullkornsvetemjöl (fullkornsvete)

75 g / 3 oz / ¾ kopp havregryn

75 g / 3 oz / 1/3 kopp demerara socker

Blötlägg aprikoserna i apelsinjuicen i minst 30 minuter tills de är mjuka, låt rinna av och hacka. Gnid in smöret eller margarinet i mjölet tills blandningen liknar ströbröd. Tillsätt havre och socker. Tryck ut hälften av blandningen i en smord 30 x 20 cm / 12 x 8 rullform (muffinsform) och strö över aprikoserna. Fördela resten av blandningen ovanpå och tryck till försiktigt. Grädda i en förvärmd ugn vid 180°C/350°F/gasmarkering 4 i 25 minuter tills de är gyllenbruna. Låt svalna i formen innan du tar bort och skär i stänger.

Bananbarer med nötter

ca 14 år sedan

50 g / 2 oz / ¼ kopp smör eller margarin, uppmjukat

75 g / 3 oz / 1/3 kopp pulveriserat (superfint) socker eller mjukt farinsocker

2 stora bananer, hackade

175 g / 6 oz / 1½ koppar vanligt mjöl (alltså)

7,5 ml / 1½ tsk bakpulver

2 vispade ägg

50 g / 2 oz / ½ kopp valnötter, hackade

Grädde smör eller margarin och socker. Mosa plantainerna och rör ner dem i blandningen. Blanda mjöl och bakpulver. Tillsätt mjöl, ägg och valnötter i bananblandningen och vispa väl. Häll i en smord och klädd 18 x 28 cm / 7 x 11 i kakform, jämna till ytan och grädda i en förvärmd ugn vid 160 °C / 325 °F / gasmark 3 i 30-35 minuter tills den stelnar. touch Låt svalna några minuter i formen och lägg sedan på ett galler för att avsluta kylningen. Skär i cirka 14 barer.

Amerikanska Brownies

ca 15 år sedan

2 stora ägg

225 g / 8 oz / 1 kopp strösocker (superfint)

50 g / 2 oz / ¼ kopp smör eller margarin, smält

2,5 ml / ½ tesked vaniljessens (extrakt)

75 g / 3 oz / ¾ kopp vanligt mjöl (alltså)

45 ml / 3 msk kakaopulver (osötad choklad)

2,5 ml / ½ tsk bakpulver

en nypa salt

50 g / 2 oz / ½ kopp valnötter, hackade

Vispa ägg och socker tjockt och krämigt. Vispa smöret och vaniljessensen. Sikta samman mjöl, kakao, bakpulver och salt och blanda med nötterna. Vänd till en väl smord 20 cm / 8 tum fyrkantig kakform. Grädda i en förvärmd ugn vid 180°C/350°F/gasmarkering 4 i 40 till 45 minuter tills den är spänstig vid beröring. Låt stå i formen i 10 minuter, skär sedan i rutor och överför till ett galler medan det fortfarande är varmt.

Choklad Fudge Brownies

Blir ca 16

225 g / 8 oz / 1 kopp smör eller margarin

175 g / 6 oz / ¾ kopp strösocker

350 g / 12 oz / 3 koppar självhöjande mjöl

30 ml / 2 msk kakaopulver (osötad choklad)

För glasyren (frosting):
175 g / 6 oz / 1 kopp strösocker (konditorsocker), siktat

30 ml / 2 msk kakaopulver (osötad choklad)

Kokande vatten

Smält smör eller margarin och tillsätt sedan strösocker. Tillsätt mjöl och kakao. Skriv ut på en 18 x 28 cm / 7 x 11 tum. fodrad bakform. Grädda i en förvärmd ugn vid 180°C/350°F/gasmarkering 4 i ca. 20 minuter tills den är elastisk vid beröring.

För att göra glasyren, sikta florsockret och kakaon i en skål och tillsätt en droppe kokande vatten. Rör om tills det är väl blandat, tillsätt en droppe vatten om det behövs. Isa brownies medan de fortfarande är varma (men inte varma), låt sedan svalna innan du skär i rutor.

Choklad och valnöt brownies

12 sedan

50 g / 2 oz / ½ kopp vanlig (halvsöt) choklad

75 g / 3 oz / 1/3 kopp smör eller margarin

225 g / 8 oz / 1 kopp strösocker (superfint)

75 g / 3 oz / ¾ kopp vanligt mjöl (alltså)

75 g / 3 oz / ¾ kopp valnötter, hackade

50 g / 2 oz / ½ kopp chokladchips

2 vispade ägg

2,5 ml / ½ tesked vaniljessens (extrakt)

Smält chokladen och smöret eller margarinet i en värmesäker skål över en kastrull med sjudande vatten. Ta bort från värmen och tillsätt resterande ingredienser. Lägg i en smord och klädd 20 cm / 8 kakform och grädda i en förvärmd ugn vid 180 °C / 350 °F / gasmark 4 i 30 minuter, tills ett spett i mitten kommer ut rent. Låt svalna i formen och skär sedan i rutor.

Stickor av smör

Gör 16

100 g / 4 oz / ½ kopp smör eller margarin, uppmjukat

100 g / 4 oz / ½ kopp strösocker (superfint)

1 ägg, separerat

100 g / 4 oz / 1 kopp vanligt mjöl (alltså)

25 g / 1 oz / ¼ kopp hackade blandade nötter

Grädde smör eller margarin och socker tills det är ljust och fluffigt. Blanda i äggulan, tillsätt sedan mjöl och valnötter till en ganska styv blandning. Om den är för styv, tillsätt lite mjölk; om den är rinnig, tillsätt lite mer mjöl. Lägg degen i en smord 30 x 20 cm swiss roll form (jelly roll pan). Vispa äggvitan tills den blir skum och fördela den över blandningen. Grädda i en förvärmd ugn vid 180°C/350°F/gasmarkering 4 i 30 minuter tills de är gyllenbruna. Låt svalna och skär sedan i stänger.

körsbärs- och karamellbricka

12 sedan

100 g / 4 oz / 1 kopp mandel

225 g / 8 oz / 1 kopp glaserade (kanderade) körsbär, halverade

225 g / 8 oz / 1 kopp smör eller margarin, uppmjukat

225 g / 8 oz / 1 kopp strösocker (superfint)

3 uppvispade ägg

100 g / 4 oz / 1 kopp självhöjande mjöl

50 g / 2 oz / ½ kopp mald mandel

5 ml / 1 tsk bakpulver

5 ml / 1 tsk mandelessens (extrakt)

Strö ut mandeln och körsbären över botten av en smord och fodrad 20cm/8" panna. Smält 50g / 2oz / ¼ kopp smör eller margarin med 50g / 2oz / ¼ kopp socker och häll sedan över körsbären och valnötterna. Vispa resten av smöret eller margarinet och sockret lätt och fluffigt, vispa sedan äggen och blanda i mjöl, mald mandel, bakpulver och mandelessens. Häll blandningen i formen och jämna till toppen. Grädda i förvärmd ugn på 160°C /325° F/gasmarkering 3 i 1 timme. Låt svalna i pannan i några minuter, vänd sedan försiktigt ut på ett galler, skrapa ner toppen av fodret om det behövs. Låt svalna helt innan du skär.

chokladbricka

Gör 24

100 g / 4 oz / ½ kopp smör eller margarin, uppmjukat

100 g / 4 oz / ½ kopp mjukt farinsocker

50 g / 2 oz / ¼ kopp strösocker (superfint)

1 ägg

5 ml / 1 tsk vaniljessens (extrakt)

100 g / 4 oz / 1 kopp vanligt mjöl (alltså)

2,5 ml / ½ tsk bakpulver (bakpulver)

en nypa salt

100 g / 4 oz / 1 kopp chokladchips

Vispa smör eller margarin och socker ljust och fluffigt, tillsätt sedan ägg och vaniljessens gradvis. Tillsätt mjöl, bakpulver och salt. Tillsätt chokladbitarna. Häll i en mjölad och smord 25 cm/12 fyrkantig ugnsform (form) och grädda i en förvärmd ugn vid 190°C/375°F/gasmark 2 i 15 minuter tills de är gyllenbruna. Låt svalna och skär sedan i rutor.

kanel smula lager

12 sedan

För basen:

100 g / 4 oz / ½ kopp smör eller margarin, uppmjukat

30 ml / 2 msk ljus honung

2 ägg, lätt vispade

100 g / 4 oz / 1 kopp vanligt mjöl (alltså)

Till crumblen:

75 g / 3 oz / 1/3 kopp smör eller margarin

75 g / 3 oz / ¾ kopp vanligt mjöl (alltså)

75 g / 3 oz / ¾ kopp havregryn

5 ml / 1 tsk mald kanel

50 g / 2 oz / ¼ kopp demerara socker

Grädde smör eller margarin och honung tills det är ljust och fluffigt. Tillsätt gradvis äggen och sedan mjölet. Häll hälften av blandningen i en smord 20 cm / 8 tums fyrkantig form (plåt) och jämna till ytan.

För att göra smulan, gnid in smöret eller margarinet i mjölet tills blandningen liknar ströbröd. Tillsätt havre, kanel och socker. Häll hälften av smulan i pannan, toppa med den återstående kakmixen, sedan resten av smulan. Grädda i en förvärmd ugn vid 190°C / 375°F / gasmark 5 i ca. 35 minuter, tills ett spett som sticks in i mitten kommer ut rent. Låt svalna och skär sedan i stänger.

klibbiga kanelstänger

Gör 16

225 g / 8 oz / 2 koppar vanligt mjöl (alltså)

10 ml / 2 tsk bakpulver

225 g / 8 oz / 1 kopp mjukt farinsocker

15 ml / 1 msk smält smör

250 ml / 8 fl oz / 1 kopp mjölk

30 ml / 2 msk demerara socker

10 ml / 2 tsk mald kanel

25 g / 1 oz / 2 msk smör, kallt och tärnat

Blanda mjöl, bakpulver och socker. Tillsätt det smälta smöret och mjölken och blanda väl. Tryck ut blandningen i två 23 cm / 9-tums fyrkantiga kakformar. Strö toppen med demerarasocker och kanel, tryck sedan ner bitar av smör i ytan. Grädda i en förvärmd ugn vid 180°C/350°F/gasmarkering 4 i 30 minuter. Smöret sticker hål i blandningen och blir klibbig när det tillagas.

kokosnötsbarer

Gör 16

75 g / 3 oz / 1/3 kopp smör eller margarin

100 g / 4 oz / 1 kopp vanligt mjöl (alltså)

30 ml / 2 msk strösocker (superfint)

2 ägg

100 g / 4 oz / ½ kopp mjukt farinsocker

en nypa salt

175 g / 6 oz / 1½ koppar torkad kokos (strimlad)

50 g / 2 oz / ½ kopp hackade blandade nötter

orange glasyr

Gnid in smöret eller margarinet i mjölet tills blandningen liknar ströbröd. Tillsätt sockret och tryck ut i en osmord 23 cm / 9 tum fyrkantig bakform. Grädda i en förvärmd ugn vid 190°C/350°F/gasmarkering 4 i 15 minuter tills den stelnat.

Blanda ägg, socker och salt, tillsätt sedan kokos och valnötter och fördela över botten. Grädda i 20 minuter tills de stelnat och är gyllene. Glass med apelsinglasyr när den är kall. Skär i stänger.

Smörgåsbarer med kokos och sylt

Gör 16

25 g / 1 oz / 2 msk smör eller margarin

175 g / 6 oz / 1½ koppar självhöjande mjöl

225 g / 8 oz / 1 kopp strösocker (superfint)

2 äggulor

75 ml / 5 matskedar vatten

175 g / 6 oz / 1½ koppar torkad kokos (strimlad)

4 äggvitor

50 g / 2 oz / ½ kopp vanligt mjöl (allt för ändamål)

100 g / 4 oz / 1/3 kopp jordgubbssylt (reserv)

Gnid in smöret eller margarinet i det självjäsande mjölet och tillsätt sedan 50 g / 2 oz / ¼ kopp socker. Vispa äggulorna och 45 ml / 3 msk vatten och blanda ner i blandningen. Tryck in i botten på en smord 30 x 20 cm / 12 x 8 rullpanna (gelérullform) och sticka med en gaffel. Grädda i en förvärmd ugn vid 180°C/350°F/gasmarkering 4 i 12 minuter. Låt svalna.

Lägg kokosen, resten av sockret och vattnet och en äggvita i en kastrull och rör om på låg värme tills blandningen blir klumpig utan att få färg. Låt svalna. Tillsätt det vanliga mjölet. Vispa de återstående äggvitorna tills de blir hårda och vänd sedan ner dem i blandningen. Bred ut sylten över bottnen och bred sedan ut med kokosnötstoppningen. Grädda i ugnen i 30 minuter tills de är gyllenbruna. Låt den svalna i formen innan du skär den i stänger.

Bakplåt med dadel och äpple

12 sedan

1 kokt (paj)äpple, skalat, urkärnat och hackat

225 g / 8 oz / 11/3 koppar urkärnade (stenade) dadlar, hackade

150 ml / ¼ pt / 2/3 kopp vatten

350 g / 12 oz / 3 koppar havregryn

175 g / 6 oz / ¾ kopp smör eller margarin, smält

45 ml / 3 msk demerara socker

5 ml / 1 tsk mald kanel

Lägg äpplena, dadlarna och vattnet i en kastrull och låt sjuda i ca 5 minuter tills äpplena är mjuka. Låt svalna. Blanda havre, smör eller margarin, socker och kanel. Häll hälften i en smord 20 cm / 8 tums fyrkantig kakform och jämna till ytan. Toppa med äppeldadelblandningen, toppa sedan med resterande havreblandning och jämna till ytan. Tryck ner försiktigt. Grädda i en förvärmd ugn vid 190°C/375°F/gasmarkering 5 i ca. 30 minuter tills den är gyllenbrun. Låt svalna och skär sedan i stänger.

dadelskivor

12 sedan

225 g / 8 oz / 11/3 koppar urkärnade (stenade) dadlar, hackade

30 ml / 2 msk ljus honung

30 ml / 2 msk citronsaft

225 g / 8 oz / 1 kopp smör eller margarin

225 g / 8 oz / 2 koppar fullkornsvetemjöl (fullkornsvete)

225 g / 8 oz / 2 koppar havregryn

75 g / 3 oz / 1/3 kopp mjukt farinsocker

Fräs dadlar, honung och citronsaft på svag värme i några minuter tills dadlarna är mjuka. Gnid in smöret eller margarinet i mjölet och havren tills blandningen liknar ströbröd, tillsätt sedan sockret. Använd en sked och häll hälften av blandningen i en 20 cm/8 fyrkantig kakform, smord och fodrad. Häll dadelblandningen över toppen och avsluta med resterande kakblandning. Tryck ner ordentligt. Grädda i en förvärmd ugn vid 190°C/375°F/gasmarkering 5 i 35 minuter tills den är spänstig vid beröring. Låt svalna i formen, skär i skivor medan den fortfarande är varm.

Mormor Dejtingbarer

Gör 16

100 g / 4 oz / ½ kopp smör eller margarin, uppmjukat

225 g / 8 oz / 1 kopp mjukt farinsocker

2 ägg, lätt vispade

175 g / 6 oz / 1½ koppar vanligt mjöl (alltså)

2,5 ml / ½ tsk bakpulver (bakpulver)

5 ml / 1 tsk mald kanel

En nypa mald kryddnejlika

En nypa riven muskotnöt

175 g / 6 oz / 1 kopp urkärnade (stenade) dadlar, hackade

Grädde smör eller margarin och socker tills det är ljust och fluffigt. Tillsätt gradvis äggen, vispa ordentligt efter varje tillsats. Tillsätt resten av ingredienserna tills de är väl blandade. Häll i en smord och mjölad 23 cm / 9 i fyrkantig bakform (form) och grädda i en förvärmd ugn vid 180 °C / 350 °F / gasmark 4 i 25 minuter, tills ett spett i mitten kommer ut rent. Låt svalna och skär sedan i stänger.

Dadel- och havrestänger

Gör 16

175 g / 6 oz / 1 kopp urkärnade (stenade) dadlar, hackade

15 ml / 1 matsked ljus honung

30 ml / 2 msk vatten

225 g / 8 oz / 2 koppar fullkornsvetemjöl (fullkornsvete)

100 g / 4 oz / 1 kopp havregryn

100 g / 4 oz / ½ kopp mjukt farinsocker

150 g / 5 oz / 2/3 kopp smör eller margarin, smält

Fräs dadlar, honung och vatten i en liten kastrull tills dadlarna är mjuka. Blanda samman mjöl, havre och socker, blanda sedan i det smälta smöret eller margarinet. Tryck ut hälften av blandningen i en smord 18cm / 7 i fyrkantig kakform, strö över dadelblandningen, toppa sedan med resterande havreblandning och tryck försiktigt. Grädda i en förvärmd ugn vid 180°C/350°F/gasmarkering 4 i 1 timme tills den är fast och gyllene. Låt svalna i formen, skär i skivor medan den fortfarande är varm.

Dadel och valnötsstänger

12 sedan

100 g / 4 oz / ½ kopp smör eller margarin, uppmjukat

150 g / 5 oz / 2/3 kopp pulveriserat (superfint) socker

1 ägg, lätt uppvispat

100 g / 4 oz / 1 kopp självhöjande mjöl

225 g / 8 oz / 11/3 koppar urkärnade (stenade) dadlar, hackade

100 g / 4 oz / 1 kopp valnötter, hackade

15 ml / 1 msk mjölk (valfritt)

100 g / 4 oz / 1 kopp vanlig (halvsöt) choklad

Grädde smör eller margarin och socker tills det är ljust och fluffigt. Blanda i ägget, sedan mjöl, dadlar och valnötter, tillsätt lite mjölk om blandningen är för stel. Häll i en smord 30 x 20 cm / 12 x 8 i Swiss Roll-panna och grädda i en förvärmd ugn vid 180 °C / 350 °F / gasmark 4 i 30 minuter tills den är spänstig vid beröring. Låt svalna.

Smält chokladen i en värmesäker skål över en kastrull med sjudande vatten. Bred ut över blandningen och låt svalna och stelna. Skär i stänger med en vass kniv.

fikonpinnar

Gör 16

225 g / 8 oz färska fikon, hackade

30 ml / 2 msk ljus honung

15 ml / 1 msk citronsaft

225 g / 8 oz / 2 koppar fullkornsvetemjöl (fullkornsvete)

225 g / 8 oz / 2 koppar havregryn

225 g / 8 oz / 1 kopp smör eller margarin

75 g / 3 oz / 1/3 kopp mjukt farinsocker

Fräs fikon, honung och citronsaft på låg värme i 5 minuter. Låt svalna något. Blanda mjöl och havre, gnid sedan in smör eller margarin och tillsätt socker. Tryck ut hälften av blandningen i en smord 20 cm/8in fyrkantig form (form), häll sedan fikonblandningen över toppen. Toppa med resterande kakblandning och tryck till ordentligt. Grädda i en förvärmd ugn vid 180°C/350°F/gasmarkering 4 i 30 minuter tills de är gyllenbruna. Låt svalna i pannan och skär sedan i skivor medan den fortfarande är varm.

flapjacks

Gör 16

75 g / 3 oz / 1/3 kopp smör eller margarin

50 g / 2 oz / 3 msk gyllene sirap (lätt majs)

100 g / 4 oz / ½ kopp mjukt farinsocker

175 g / 6 oz / 1½ koppar havregryn

Smält smöret eller margarinet med sirapen och sockret och tillsätt sedan havren. Tryck ut i en smord 20 cm/8in fyrkantig form och grädda i en förvärmd ugn vid 180°C/350°F/gasmark 4 i ca. 20 minuter tills de är lätt gyllene. Låt svalna något innan du skär upp i stänger och låt svalna helt i formen innan du tar bort.

cherry flapjacks

Gör 16

75 g / 3 oz / 1/3 kopp smör eller margarin

50 g / 2 oz / 3 msk gyllene sirap (lätt majs)

100 g / 4 oz / ½ kopp mjukt farinsocker

175 g / 6 oz / 1½ koppar havregryn

100 g / 4 oz / 1 kopp glaserade (kanderade) körsbär, hackade

Smält smör eller margarin med sirap och socker, tillsätt sedan havre och körsbär. Tryck ut i en smord 20 cm/8-tums fyrkantig kakform (form) och grädda i en förvärmd ugn vid 180°C/350°F/gasmärke 4 i ca. 20 minuter tills de är lätt gyllene. Låt svalna något innan du skär upp i stänger och låt svalna helt i formen innan du tar bort.

choklad flapjack

Gör 16

75 g / 3 oz / 1/3 kopp smör eller margarin

50 g / 2 oz / 3 msk gyllene sirap (lätt majs)

100 g / 4 oz / ½ kopp mjukt farinsocker

175 g / 6 oz / 1½ koppar havregryn

100 g / 4 oz / 1 kopp chokladchips

Smält smör eller margarin med sirap och socker, tillsätt sedan havre och chokladbitar. Tryck ut i en smord 20 cm/8-tums fyrkantig kakform (form) och grädda i en förvärmd ugn vid 180°C/350°F/gasmärke 4 i ca. 20 minuter tills de är lätt gyllene. Låt svalna något innan du skär upp i stänger och låt svalna helt i formen innan du tar bort.

fruktklackar

Gör 16

75 g / 3 oz / 1/3 kopp smör eller margarin

100 g / 4 oz / ½ kopp mjukt farinsocker

50 g / 2 oz / 3 msk gyllene sirap (lätt majs)

175 g / 6 oz / 1½ koppar havregryn

75 g / 3 oz / ½ kopp russin, russin eller annan torkad frukt

Smält smör eller margarin med socker och sirap, tillsätt sedan havre och russin. Tryck ut i en smord 20 cm/8-tums fyrkantig kakform (form) och grädda i en förvärmd ugn vid 180°C/350°F/gasmärke 4 i ca. 20 minuter tills de är lätt gyllene. Låt svalna något innan du skär i stänger, låt sedan svalna helt i pannan innan du tar bort.

Frukt och nötter flapjacks

Gör 16

75 g / 3 oz / 1/3 kopp smör eller margarin

100 g / 4 oz / 1/3 kopp ljus honung

50 g / 2 oz / 1/3 kopp russin

50 g / 2 oz / ½ kopp valnötter, hackade

175 g / 6 oz / 1½ koppar havregryn

Smält smöret eller margarinet med honungen på låg värme. Tillsätt russin, nötter och havre och blanda väl. Häll i en smord 23 cm/9-tums fyrkantig kakform och grädda i en förvärmd ugn vid 180°C/350°F/gasmark 4 i 25 minuter. Låt svalna i formen, skär i skivor medan den fortfarande är varm.

Pepparkakor Flapjacks

Gör 16

75 g / 3 oz / 1/3 kopp smör eller margarin

100 g / 4 oz / ½ kopp mjukt farinsocker

50 g / 2 oz / 3 msk sirap från en burk ingefära

175 g / 6 oz / 1½ koppar havregryn

4 bitar ingefära, finhackad

Smält smör eller margarin med socker och sirap, tillsätt sedan havre och ingefära. Tryck ut i en smord 20 cm/8-tums fyrkantig kakform (form) och grädda i en förvärmd ugn vid 180°C/350°F/gasmärke 4 i ca. 20 minuter tills de är lätt gyllene. Låt svalna något innan du skär upp i stänger och låt svalna helt i formen innan du tar bort.

Valnöt Flapjacks

Gör 16

75 g / 3 oz / 1/3 kopp smör eller margarin

50 g / 2 oz / 3 msk gyllene sirap (lätt majs)

100 g / 4 oz / ½ kopp mjukt farinsocker

175 g / 6 oz / 1½ koppar havregryn

100 g / 4 oz / 1 kopp hackade blandade nötter

Smält smör eller margarin med sirap och socker, tillsätt sedan havre och nötter. Tryck ut i en smord 20 cm/8-tums fyrkantig kakform (form) och grädda i en förvärmd ugn vid 180°C/350°F/gasmärke 4 i ca. 20 minuter tills de är lätt gyllene. Låt svalna något innan du skär i stänger, låt sedan svalna helt i pannan innan du tar bort.

Spröda citronsmörkakor

Gör 16

100 g / 4 oz / 1 kopp vanligt mjöl (alltså)

100 g / 4 oz / ½ kopp smör eller margarin, uppmjukat

75 g / 3 oz / ½ kopp strösocker (konditorsocker), siktat

2,5 ml / ½ tsk bakpulver

en nypa salt

30 ml / 2 msk citronsaft

10 ml / 2 tsk rivet citronskal

Blanda mjöl, smör eller margarin, florsocker och bakpulver. Tryck ut i en smord 23 cm/9 tum fyrkantig kakform och grädda i en förvärmd ugn vid 180°C/350°F/gasmark 4 i 20 minuter.

Blanda resten av ingredienserna och vispa tills det blir ljust och fluffigt. Placera på den varma basen, sänk ugnstemperaturen till 160°C / 325°F / gasmarkering 3 och återvänd till ugnen i ytterligare 25 minuter tills den är spänstig vid beröring. Låt svalna och skär sedan i rutor.

Kokosmockarutor

20 sedan

1 ägg

100 g / 4 oz / ½ kopp strösocker (superfint)

100 g / 4 oz / 1 kopp vanligt mjöl (alltså)

10 ml / 2 tsk bakpulver

en nypa salt

75 ml / 5 msk mjölk

75 g / 3 oz / 1/3 kopp smör eller margarin, smält

15 ml / 1 msk kakaopulver (osötad choklad)

2,5 ml / ½ tesked vaniljessens (extrakt)

Till dressingen:

75 g / 3 oz / ½ kopp strösocker (konditorsocker), siktat

50 g / 2 oz / ¼ kopp smör eller margarin, smält

45 ml / 3 msk varmt starkt svart kaffe

15 ml / 1 msk kakaopulver (osötad choklad)

2,5 ml / ½ tesked vaniljessens (extrakt)

25 g / 1 oz / ¼ kopp torkad kokos (strimlad)

Vispa ägg och socker ljus och pösigt. Tillsätt mjöl, bakpulver och salt växelvis med mjölk och smält smör eller margarin. Tillsätt essensen av kakao och vanilj. Häll blandningen i en smord 20 cm / 8 tum fyrkantig form (form) och grädda i en förvärmd ugn vid 200 °C / 400 °F / gasmark 6 i 15 minuter tills den är väl jäst och fjädrande vid beröring.

För att göra beläggningen, blanda florsocker, smör eller margarin, kaffe, kakao och vaniljessens. Bred över den varma kakan och strö över kokos. Låt den svalna i formen, ta ut formen och skär den i rutor.

Hej Dolly Cookies

Gör 16

100 g / 4 oz / ½ kopp smör eller margarin

100 g / 4 oz / 1 kopp digestive kex

(Grahamskex-smulor

100 g / 4 oz / 1 kopp chokladchips

100 g / 4 oz / 1 kopp torkad kokosnöt (strimlad)

100 g / 4 oz / 1 kopp valnötter, hackade

400 g / 14 oz / 1 stor burk kondenserad mjölk

Smält smör eller margarin och tillsätt kaksmulor. Tryck ut blandningen i botten av en smord och folieklädd kakform 28 x 18 cm / 11 x 7. Strö över chokladbitar, sedan kokos och till sist pekannötter. Häll den kondenserade mjölken ovanpå och grädda i en förvärmd ugn vid 180°C / 350°F / gasmark 4 i 25 minuter. Skär i skivor medan de fortfarande är varma och låt sedan svalna helt.

Kokosbars med nötter och choklad

12 sedan

75 g / 3 oz / ¾ kopp mjölkchoklad

75 g / 3 oz / ¾ kopp vanlig (halvsöt) choklad

75 g / 3 oz / 1/3 kopp knaprigt jordnötssmör

75 g / 3 oz / ¾ kopp digestive cracker smulor (graham cracker)

75 g / 3 oz / ¾ kopp valnötter, krossade

75 g / 3 oz / ¾ kopp torkad kokos (strimlad)

75 g / 3 oz / ¾ kopp vit choklad

Smält mjölkchokladen i en värmesäker skål över en kastrull med kokande vatten. Bred ut på botten av en 23 cm / 7 tums fyrkantig kakform och låt stelna.

Smält försiktigt den naturliga chokladen och jordnötssmöret på låg värme och tillsätt sedan kaksmulor, valnötter och kokos. Bred ut den ringlade chokladen och ställ i kylen tills den stelnat.

Smält den vita chokladen i en värmesäker skål över en kastrull med sjudande vatten. Ringla kakorna i ett mönster och låt stelna innan du skär dem i stänger.

valnötsrutor

12 sedan

75 g / 3 oz / ¾ kopp vanlig (halvsöt) choklad

50 g / 2 oz / ¼ kopp smör eller margarin

100 g / 4 oz / ½ kopp strösocker (superfint)

2 ägg

5 ml / 1 tsk vaniljessens (extrakt)

75 g / 3 oz / ¾ kopp vanligt mjöl (alltså)

2,5 ml / ½ tsk bakpulver

100 g / 4 oz / 1 kopp hackade blandade nötter

Smält chokladen i en värmesäker skål över en kastrull med sjudande vatten. Tillsätt smöret tills det smält, tillsätt sedan sockret. Ta av från värmen och vispa i ägg och vaniljsaft. Tillsätt mjöl, bakpulver och nötter. Häll blandningen i en smord 25 cm / 10 i fyrkantig form (form) och grädda i en förvärmd ugn vid 180 °C / 350 °F / gasmark 4 i 15 minuter tills den är gyllenbrun. Skär i tärningar medan de fortfarande är varma.

Valnötsapelsinskivor

Gör 16

375 g / 13 oz / 3¼ koppar vanligt mjöl (alltså)

275 g / 10 oz / 1¼ koppar pulveriserat (superfint) socker

5 ml / 1 tsk bakpulver

75 g / 3 oz / 1/3 kopp smör eller margarin

2 vispade ägg

175 ml / 6 fl oz / ¾ kopp mjölk

200 g / 7 oz / 1 liten burk mandarin apelsiner, avrunna och grovt hackade

100 g / 4 oz / 1 kopp pekannötter, hackade

Finrivet skal av 2 apelsiner

10 ml / 2 tsk mald kanel

Blanda 325 g / 12 oz / 3 dl mjöl, 225 g / 8 oz / 1 dl socker och bakpulvret. Smält 50 g / 2 oz / ¼ kopp smör eller margarin och tillsätt ägg och mjölk. Blanda försiktigt vätskan i de torra ingredienserna tills den är slät. Tillsätt mandariner, pekannötter och apelsinskal. Häll i en smord och klädd ugnsform på 30 x 20 cm / 12 x 8. Gnid in resterande mjöl, socker, smör och kanel och strö över kakan. Grädda i en förvärmd ugn vid 180°C/350°F/gasmarkering 4 i 40 minuter tills de är gyllenbruna. Låt svalna i pannan och skär sedan i cirka 16 skivor.

Kex

ger 16 rutor

100 g / 4 oz / ½ kopp ister (ghee)

100 g / 4 oz / ½ kopp smör eller margarin

75 g / 3 oz / 1/3 kopp mjukt farinsocker

100 g / 4 oz / 1/3 kopp gyllene sirap (lätt majs)

100 g / 4 oz / 1/3 kopp blackstrap melass (melass)

10 ml / 2 tsk bakpulver (bakpulver)

150 ml / ¼ pt / 2/3 kopp mjölk

225 g / 8 oz / 2 koppar fullkornsvetemjöl (fullkornsvete)

225 g / 8 oz / 2 koppar havre

10 ml / 2 tsk mald ingefära

2,5 ml / ½ tsk salt

Smält ister, smör eller margarin, socker, sirap och melass i en stekpanna. Lös upp bakpulver i mjölken och rör ner i pannan med de återstående ingredienserna. Häll i en smord och fodrad 20 cm/8in fyrkantig kakform (panna) och grädda i en förvärmd ugn vid 160°C/325°F/gasmark 3 i 1 timme tills den stelnat. Den kan sjunka i mitten. Låt svalna och förvara sedan i en lufttät behållare i några dagar innan du skär upp och serverar.

jordnötssmörstänger

Gör 16

100 g / 4 oz / 1 kopp smör eller margarin

175 g / 6 oz / 1¼ koppar vanligt mjöl (alltså)

175 g / 6 oz / ¾ kopp mjukt farinsocker

75 g / 3 oz / 1/3 kopp jordnötssmör

en nypa salt

1 liten äggula, vispad

2,5 ml / ½ tesked vaniljessens (extrakt)

100 g / 4 oz / 1 kopp vanlig (halvsöt) choklad

50 g / 2 oz / 2 koppar puffade riskorn

Gnid in smöret eller margarinet i mjölet tills blandningen liknar ströbröd. Tillsätt sockret, 30 ml / 2 msk jordnötssmör och saltet. Tillsätt äggula och vaniljessens och blanda tills det är väl blandat. Tryck ut i en 25 cm/10-tums fyrkantig kakform. Grädda i en förvärmd ugn vid 160°C/325°F/gasmarkering 3 i 30 minuter tills den har jäst och fjädrar vid beröring.

Smält chokladen i en värmesäker skål över en kastrull med sjudande vatten. Ta bort från värmen och tillsätt återstående jordnötssmör. Tillsätt grynen och blanda väl tills det är täckt med chokladblandningen. Häll över kakan och jämna till ytan. Låt svalna, svalna och skär i barer.

picknickskivor

12 sedan

225 g / 8 oz / 2 koppar vanlig (halvsöt) choklad

50 g / 2 oz / ¼ kopp smör eller margarin, uppmjukat

100 g / 4 oz / ½ kopp strösocker

1 ägg, lätt uppvispat

100 g / 4 oz / 1 kopp torkad kokosnöt (strimlad)

50 g / 2 oz / 1/3 kopp sultanor (gyllene russin)

50 g / 2 oz / ¼ kopp glaserade (kanderade) körsbär, hackade

Smält chokladen i en värmesäker skål över en kastrull med sjudande vatten. Häll i botten av en smord och klädd 30 x 20 cm (12 x 8) Swiss Roll-form (muffinsform). Grädde smör eller margarin och socker tills det är ljust och fluffigt. Tillsätt gradvis ägget och blanda sedan i kokos, russin och körsbär. Bred över chokladen och grädda i en förvärmd ugn på 150°C/300°F/gasmark 3 i 30 minuter tills den är gyllenbrun. Låt svalna och skär sedan i stänger.

Ananas och kokos barer

20 sedan

1 ägg

100 g / 4 oz / ½ kopp strösocker (superfint)

75 g / 3 oz / ¾ kopp vanligt mjöl (alltså)

5 ml / 1 tsk bakpulver

en nypa salt

75 ml / 5 matskedar vatten

Till dressingen:
200 g / 7 oz / 1 liten burk ananas, avrunnen och hackad

25 g / 1 oz / 2 msk smör eller margarin

50 g / 2 oz / ¼ kopp strösocker (superfint)

1 äggula

25 g / 1 oz / ¼ kopp torkad kokos (strimlad)

5 ml / 1 tsk vaniljessens (extrakt)

Vispa ägg och socker slät och blek. Tillsätt mjöl, bakpulver och salt växelvis med vattnet. Häll i en smord och mjölad fyrkantig kakform och grädda i en förvärmd ugn vid 200°C/400°F/gasmark 6 i 20 minuter, tills den är väl jäst och fjädrande vid beröring. Häll ananasen över den varma kakan. Värm de återstående toppingsingredienserna i en liten kastrull på låg värme, under konstant omrörning, tills blandningen är väl blandad utan att blandningen kokar upp. Häll ananasen över ananasen och sätt tillbaka kakan i ugnen i ytterligare 5 minuter tills toppingen är gyllenbrun. Kyl i pannan i 10 minuter, lägg sedan på ett galler för att avsluta kylningen innan du skär i stänger.

plommonjästkaka

Gör 16

15 g / ½ oz färsk jäst eller 20 ml / 4 teskedar torr jäst

50 g / 2 oz / ¼ kopp strösocker (superfint)

150 ml / ¼ pt / 2/3 kopp varm mjölk

50 g / 2 oz / ¼ kopp smör eller margarin, smält

1 ägg

1 äggula

250 g / 9 oz / 2¼ koppar vanligt mjöl (alltså)

5 ml / 1 tsk finrivet citronskal

675 g / 1½ lb plommon i fjärdedelar och urkärnade (stenade)

Pulveriserat (konfektyr) socker, siktat, för att pudra

Mald kanel

Blanda jästen med 5 ml / 1 tsk socker och lite ljummen mjölk och låt den stå på en varm plats i 20 minuter tills den är skum. Vispa resten av sockret och mjölken med det smälta smöret eller margarinet, ägget och äggulan. Blanda mjöl och citronskal i en skål och gör en brunn i mitten. Blanda gradvis jästblandningen och äggblandningen till en smidig deg. Vispa tills degen är väldigt slät och det börjar bildas bubblor på ytan. Tryck ut försiktigt i en 25 cm mjölad och smord fyrkantig form (form). Lägg plommonen tillsammans ovanpå degen. Täck med oljad plastfolie (plastfolie) och låt stå på en varm plats i 1 timme tills den fördubblats. Sätt in i en ugn som är förvärmd till 200°C/400°F/gasmark 6, sänk sedan omedelbart ugnstemperaturen till 190°C/375°F/gasmark 5 och grädda i 45 minuter. Sänk ugnstemperaturen igen till 180°C/350°F/gasmarkering 4 och grädda i ytterligare 15 minuter tills den är gyllenbrun. Strö över kakan med florsocker och kanel medan den fortfarande är varm, låt den svalna och skär i rutor.

Amerikanska pumpastänger

20 sedan

2 ägg

175 g / 6 oz / ¾ kopp strösocker (superfint)

120 ml / 4 fl oz / ½ kopp olja

8 oz / 225 g pumpa, kokt och tärnad

100 g / 4 oz / 1 kopp vanligt mjöl (alltså)

5 ml / 1 tsk bakpulver

5 ml / 1 tsk mald kanel

2,5 ml / ½ tsk bakpulver (bakpulver)

50 g / 2 oz / 1/3 kopp sultanor (gyllene russin)

Gräddostfrosting

Vispa äggen tills de blir ljusa och fluffiga, tillsätt sedan sockret och oljan och tillsätt pumpan. Vispa ihop mjöl, bakpulver, kanel och bakpulver tills det är väl blandat. Tillsätt sultanerna. Häll blandningen i en mjölad och smord 30 x 20 cm / 12 x 8 schweizisk muffinsform (gelémuffinsform) och grädda i en förvärmd ugn vid 180 °C / 350 °F / gasmark 4 i 30 minuter. insatt i mitten kommer den ut ren. Låt svalna, pensla med cream cheese frosting och skär i barer.

Kvitten och mandelstänger

Gör 16

450 g / 1 pund kvitten

50 g / 2 oz / ¼ kopp ister (ghee)

50 g / 2 oz / ¼ kopp smör eller margarin

100 g / 4 oz / 1 kopp vanligt mjöl (alltså)

30 ml / 2 msk strösocker (superfint)

Ca 30 ml / 2 msk vatten

För fyllningen:
75 g / 3 oz / 1/3 kopp smör eller margarin, uppmjukat

100 g / 4 oz / ½ kopp strösocker (superfint)

2 ägg

Några droppar mandelessens (extrakt)

100 g / 4 oz / 1 kopp mald mandel

25 g / 1 oz / ¼ kopp vanligt mjöl (alltså)

50 g / 2 oz / ½ kopp flingad mandel (skivad)

Skala, kärna ur och skiva kvitten tunt. Lägg i en kastrull och täck med vatten. Koka upp och låt sjuda i cirka 15 minuter tills de är mjuka. Häll av överflödigt vatten.

Gnid in ister och smör eller margarin i mjölet tills blandningen liknar ströbröd. Tillsätt sockret. Tillsätt tillräckligt med vatten för att blandas till en smidig deg, kavla sedan ut på en lätt mjölad yta och använd för att fodra botten och sidorna av en 30 x 20 cm / 12 x 8 Swiss Roll-form (gelérullform). Nagga allt med en gaffel. Använd en hålslev för att lägga kvitten ovanpå degen.

Grädde smör eller margarin och socker, tillsätt sedan gradvis ägg och mandelessens. Tillsätt den malda mandeln och mjölet och lägg på kvitten. Strö de skivade mandlarna ovanpå och grädda i en förvärmd ugn vid 180°C/350°F/gasmark 4 i 45 minuter tills den är fast och gyllene. Skär i rutor när de svalnat.

russinstänger

12 sedan

175 g / 6 oz / 1 kopp russin

250 ml / 8 fl oz / 1 kopp vatten

75 ml / 5 matskedar olja

225 g / 8 oz / 1 kopp strösocker (superfint)

1 ägg, lätt uppvispat

200g / 7oz / 1¾ koppar vanligt mjöl (alltså)

1,5 ml / ¼ tsk salt

5 ml / 1 tsk bakpulver (bakpulver)

5 ml / 1 tsk mald kanel

2,5 ml / ½ tsk riven muskotnöt

2,5 ml / ½ tesked mald för alla ändamål

En nypa mald kryddnejlika

50 g / 2 oz / ½ kopp chokladchips

50 g / 2 oz / ½ kopp valnötter, hackade

30 ml / 2 msk florsocker (konditorer), siktad

Koka upp russinen och vattnet, tillsätt sedan oljan, ta av från värmen och låt svalna något. Tillsätt strösocker och ägg. Blanda mjöl, salt, bakpulver och kryddor. Blanda med russinblandningen och tillsätt sedan chokladbitarna och valnötterna. Häll i en smord 30 cm / 12 tum fyrkantig form (form) och grädda i en förvärmd ugn vid 190 °C / 375 °F / gasmark 5 i 25 minuter, tills kakan börjar krympa från sidorna av formen. Låt svalna innan du pudrar med florsocker och skär i barer.

Bananbruna godiskakor

12 sedan

75 g / 3 oz / 1/3 kopp smör eller margarin

225 g / 8 oz / 1 kopp mjukt farinsocker

1 stort ägg, lätt uppvispat

150 g / 5 oz / 1¼ koppar vanligt mjöl (alltså)

5 ml / 1 tsk bakpulver

en nypa salt

100 g / 4 oz / 1 kopp chokladchips

50 g / 2 oz / ½ kopp torkade grobladchips, grovt hackade

Smält smör eller margarin, ta sedan bort från värmen och tillsätt socker. Låt svalna tills det är ljummet. Vispa gradvis i ägget och tillsätt sedan resten av ingredienserna till en ganska styv deg. Om den är för styv, tillsätt lite mjölk. Häll i en smord 18 cm/7-tums fyrkantig kakform och grädda i en förvärmd ugn vid 140°C/275°F/gasmark 1 i 1 timme tills den är knaprig på toppen. Låt stå i formen tills den är varm, skär sedan i stänger och ta ut för att avsluta kylningen på ett galler. Blandningen blir ganska klibbig tills den svalnar.

Solros- och valnötsstänger

18 sedan

150 g / 5 oz / 2/3 kopp smör eller margarin

45 ml / 3 msk ljus honung

Några droppar mandelessens (extrakt)

275 g / 10 oz / 2½ koppar havregryn

25 g / 1 oz / ¼ kopp flingad mandel (skivad)

25 g / 1 oz / 2 msk solrosfrön

25 g / 1 oz / 2 msk sesamfrön

50 g / 2 oz / 1/3 kopp russin

Smält smöret eller margarinet med honungen, tillsätt sedan alla resterande ingredienser och blanda väl. Häll i en smord 20 cm / 8 tums fyrkantig kakform (form) och jämna till ytan. Tryck försiktigt ner blandningen. Grädda i en förvärmd ugn vid 190°C/375°F/gasmark 5 i 20 minuter. Låt svalna något, skär sedan i skivor och ta ur pannan när den svalnat.

godisrutor

Gör 16

75 g / 3 oz / ¾ kopp vanligt mjöl (alltså)

50 g / 2 oz / ¼ kopp smör eller margarin, uppmjukat

25 g / 1 oz / 2 msk mjukt farinsocker

en nypa salt

1,5 ml / ¼ tsk bakpulver (bakpulver)

30 ml / 2 msk mjölk

Till dressingen:

75 g / 3 oz / 1/3 kopp smör eller margarin

75 g / 3 oz / 1/3 kopp mjukt farinsocker

25 g / 1 oz / ¼ kopp chokladchips

Blanda alla kakans ingredienser, tillsätt precis tillräckligt med mjölk för att få en jämn konsistens. Tryck ut i en smord 23 cm/9 tum fyrkantig kakform och grädda i en förvärmd ugn vid 180°C/350°F/gasmark 4 i 15 minuter tills den är gyllenbrun.

För att göra toppingen, smält smör eller margarin och socker i en liten kastrull, låt koka upp och låt sjuda i 2 minuter under konstant omrörning. Häll över botten och sätt tillbaka i ugnen i 5 minuter. Strö över chokladchips och låt dem mjukna i toppingen medan kakan svalnar. Skär i stänger.

godisbricka

Gör 16

100 g / 4 oz / ½ kopp smör eller margarin, uppmjukat

100 g / 4 oz / ½ kopp mjukt farinsocker

1 äggula

50 g / 2 oz / ½ kopp vanligt mjöl (allt för ändamål)

50 g / 2 oz / ½ kopp havregryn

Till dressingen:

100 g / 4 oz / 1 kopp vanlig (halvsöt) choklad

25 g / 1 oz / 2 msk smör eller margarin

30 ml / 2 msk hackade valnötter

Vispa smör eller margarin, socker och äggula till en jämn smet. Tillsätt mjöl och havre. Tryck ut i en smord 30 x 20 cm / 12 x 8 Swiss Roll-form (gelérullform) och grädda i en förvärmd ugn vid 190 °C / 375 °F / gasmark 5 i 20 minuter.

För att göra toppingen, smält chokladen och smöret eller margarinet i en värmesäker skål placerad över en kastrull med sjudande vatten. Bred över blandningen och strö över nötterna. Låt svalna något, skär sedan i skivor och låt svalna i formen.

Aprikos cheesecake

Gör en 23 cm / 9 tum kaka

225 g / 8 oz / 2 koppar pepparkakssmulor (kaka)

30 ml / 2 msk mjukt farinsocker

50 g / 2 oz / ¼ kopp smör eller margarin, smält

För fyllningen:
15 g / ½ oz / 1 msk pulveriserat gelatin

225 g / 8 oz / 1 kopp strösocker (superfint)

250 ml / 8 fl oz / 1 kopp sirap från burken med aprikoser

90ml / 6 msk konjak eller aprikosbrännvin

45 ml / 3 msk citronsaft

4 ägg, separerade

450 g / 1 lb / 2 koppar mjuk färskost

250 ml / 8 fl oz / 1 kopp vispad grädde

Till dressingen:
400g / 14oz / 1 stor burk aprikoshalvor i sirap, avrunna och förvarade i sirap

90 ml / 6 msk aprikosbrännvin

30 ml / 2 msk majsmjöl (majsstärkelse)

Rör ner kaksmulorna och farinsockret i det smälta smöret och tryck ner i botten av en 9-tums/23-cm springform. Grädda i en förvärmd ugn vid 160°C/335°F/gasmark 3 i 10 minuter. Ta bort och låt svalna.

För att göra fyllningen, blanda gelatinet och hälften av sockret med aprikossirap, konjak och citronsaft. Koka på låg värme i cirka 10 minuter, under konstant omrörning, tills den tjocknat. Tillsätt äggulorna. Ta bort från värmen och låt svalna något. Vispa osten slät. Blanda långsamt ner gelatinblandningen i osten och ställ i kylen tills den tjocknat något. Vispa äggvitorna tills mjuka toppar bildas, tillsätt sedan gradvis resten av sockret tills blandningen är stel och glansig. Vispa grädden stel. Vik ner båda blandningarna i osten och häll i den bakade skorpan. Ställ i kylen i flera timmar tills den stelnar.

Ordna aprikoshalvorna ovanpå cheesecaken. Värm konjak och majsmjöl tillsammans under omrörning tills det är tjockt och klart. Låt svalna något och häll sedan över aprikoserna för att glasera.

avokado cheesecake

Gör en 20 cm / 8 tum kaka

225 g / 8 oz / 2 koppar digestive cracker smulor (graham cracker)

75 g / 3 oz / 1/3 kopp smör eller margarin, smält

För fyllningen:

10 ml / 2 tsk pulveriserat gelatin

30 ml / 2 msk vatten

2 mogna avokado

Saften av ½ citron

rivet skal av 1 citron

100 g / 4 oz / ½ kopp färskost

75 g / 3 oz / 1/3 kopp pulveriserat (superfint) socker

2 äggvitor

300 ml / ½ pt / 1¼ koppar vispad eller dubbel (tung) grädde

Blanda knäcksmulorna och det smälta smöret eller margarinet och tryck ner i botten och sidorna av en smord 20 cm lös botten kakform. Häftigt.

Strö gelatinet över vattnet i en skål och låt det stå tills det är fluffigt. Placera skålen i en kastrull med varmt vatten och låt den stå tills den lösts upp. Kyl något. Skala och kärna ur avokadon och mosa fruktköttet med citronsaft och skal. Vispa ost och socker. Tillsätt det upplösta gelatinet. Vispa äggvitorna tills de blir hårda och vänd sedan ner dem i blandningen med en metallsked. Vispa hälften av grädden tills den blir hård och vänd sedan ner den i blandningen. Häll över kexbottnen och ställ i kylen tills den stelnat.

Vispa den återstående grädden tills den blir styv och rör den sedan dekorativt över cheesecaken.

Banan cheesecake

Gör en 20 cm / 8 tum kaka

75 g / 3 oz / 1/3 kopp smör eller margarin, smält

175 g / 6 oz / 1½ koppar digestive cracker smulor (graham cracker)

För fyllningen:

2 bananer, mosade

350 g / 12 oz / 1½ koppar fast tofu

100 g / 4 oz / ½ kopp keso

rivet skal och saft av 1 citron

Citronskivor till garnering

Blanda smöret eller margarinet och kexsmulorna och tryck ut i botten av en smord 20 cm lösbottnad tårtform. Vispa alla ingredienser till toppingen och lägg dem på botten. Låt stå kallt i 4 timmar innan servering garnerad med citronklyftor.

Lätt karibisk ostkaka

Gör en 20 cm / 8 tum kaka

75 g / 3 oz / 1/3 kopp smör eller margarin

175 g / 6 oz / 1¾ koppar vanligt mjöl (alltså)

en nypa salt

30 ml / 2 msk kallt vatten

400 g / 14 oz / 1 stor burk ananas, avrunnen och hackad

150 g / 5 oz / 2/3 kopp keso

2 ägg, separerade

15 ml / 1 msk rom

Gnid in smöret eller margarinet i mjölet och saltet tills blandningen liknar ströbröd. Blanda tillräckligt med vatten för att göra en deg (pasta). Kavla ut och använd för att fodra en 20 cm / 8 tums flanring. Blanda ananas, ost, äggulor och rom. Vispa äggvitorna tills de blir styva och vänd sedan ner dem i blandningen. Häll i lådan (skal). Grädda i en förvärmd ugn vid 200°C/400°F/gasmark 6 i 20 minuter. Låt den svalna i formen innan du tar ut den.

Black Cherry Cheesecake

Gör en 20 cm / 8 tum kaka

75 g / 3 oz / 1/3 kopp smör eller margarin, smält

175 g / 6 oz / 1½ koppar digestive cracker smulor (graham cracker)

För fyllningen:

350 g / 12 oz / 1½ koppar fast tofu

100 g / 4 oz / ½ kopp keso

rivet skal och saft av 1 citron

400 g / 14 oz / 1 stor burk svarta körsbär, avrunna

Blanda smöret eller margarinet och kexsmulorna och tryck ut i botten av en smord 20 cm lösbottnad tårtform. Vispa ihop tofun, ost, citronsaft och skal och tillsätt sedan körsbären. Sked på botten. Låt stå kallt i 4 timmar innan servering.

Kokos och aprikos cheesecake

Gör en 20 cm / 8 tum kaka

För skorpan:

200 g / 7 oz / 1¾ koppar torkad kokosnöt (strimlad)

75 g / 3 oz / 1/3 kopp smör eller margarin, smält

För fyllningen:

120 ml / 4 fl oz / ½ kopp kondenserad mjölk

30 ml / 2 msk citronsaft

250 g / 9 oz / 1 balja färskost

120 ml / 4 fl oz / ½ kopp dubbel grädde (tung)

Till dressingen:

5 ml / 1 tsk pulveriserat gelatin

30 ml / 2 msk vatten

100 g / 4 oz / 1/3 kopp aprikossylt (på burk), siktad (siktad)

30 ml / 2 msk strösocker (superfint)

Rosta kokosen i en torr stekpanna tills den är gyllenbrun. Tillsätt smöret eller margarinet och tryck sedan ut blandningen ordentligt i en 20 cm / 8 i pajform. Häftigt.

Blanda den kondenserade mjölken och citronsaften och tillsätt sedan färskosten. Vispa grädden stel och tillsätt den sedan i blandningen. Häll med en sked i kokosbotten.

Blanda gelatin och vatten i en liten kastrull på mycket låg värme och tillsätt sylt och socker i några minuter tills det är klart och väl blandat. Häll över fyllningen, låt svalna och kyl tills den stelnat.

blåbär cheesecake

Gör en 23 cm / 9 tum kaka

100 g / 4 oz / 1 kopp digestive cracker smulor (graham cracker)

50 g / 2 oz / ¼ kopp smör eller margarin, smält

8 oz / 225 g blåbär, sköljda och avrunna

150 ml / ¼ pt / 2/3 kopp vatten

150 g / 5 oz / 2/3 kopp pulveriserat (superfint) socker

15 g / ½ oz / 1 msk pulveriserat gelatin

60 ml / 4 matskedar vatten

225 g / 8 oz / 1 kopp färskost

175 g / 6 oz / ¾ kopp ricottaost

5 ml / 1 tsk vaniljessens (extrakt)

Blanda ihop kexen och det smälta smöret och tryck ut i botten på en smord 9/23 cm springform. Häftigt.

Lägg blåbären, 150 ml / ¼ pt / 2/3 kopp vatten och socker i en kastrull och låt koka upp. Koka i 10 minuter, rör om då och då. Strö gelatinet över de 60 ml / 4 msk vatten i en skål och låt det vara fluffigt. Placera skålen i en kastrull med varmt vatten och låt den stå tills den lösts upp. Tillsätt gelatinet i blåbärsblandningen, ta av från värmen och låt svalna något. Tillsätt ostarna och vaniljessensen. Häll blandningen i botten och fördela jämnt. Ställ i kylen i flera timmar tills den stelnar.

ingefära cheesecake

Gör en tårta på 900g

275 g / 10 oz / 2½ koppar pepparkakssmulor (kaka)

100 g / 4 oz / ½ kopp smör eller margarin, smält

225 g / 8 oz / 1 kopp färskost

150 ml / ¼ pt / 2/3 kopp dubbelkräm (tung)

100 g / 4 oz / ½ kopp strösocker (superfint)

15 ml / 1 msk finhackad ingefära

15 ml / 1 msk ingefära brandy eller sirap

2 ägg, separerade

saft av 1 citron

15 g / ½ oz / 1 msk pulveriserat gelatin

Tillsätt kakorna i smöret. Blanda färskost, grädde, socker, ingefära och konjak eller ingefärssirap. Vispa äggulorna. Lägg citronsaften i en liten kastrull och strö gelatinet över. Låt den dra i några minuter och lös den sedan på låg värme. Koka inte. Vispa äggvitorna till mjuka toppar. Tillsätt 15 ml / 1 msk till ostblandningen. Vik försiktigt resten. Häll hälften av blandningen i en lätt smord 900g/2lb brödform. Strö jämnt över hälften av kakblandningen. Lägg på ytterligare ett lager av resterande ost- och kexblandningar. Låt svalna i flera timmar. Doppa burken i kokande vatten i några sekunder, täck sedan med en tallrik och ställ åt sidan redo att serveras.

Ingefära och citron cheesecake

Gör en 20 cm / 8 tum kaka

175 g / 6 oz / 1½ koppar pepparkakssmulor (kaka)

50 g / 2 oz / ¼ kopp smör eller margarin, smält

15 g / ½ oz / 1 msk gelatin

30 ml / 2 msk kallt vatten

2 citroner

100 g / 4 oz / ½ kopp keso

100 g / 4 oz / ½ kopp färskost

50 g / 2 oz / ¼ kopp strösocker (superfint)

150 ml / ¼ pt / 2/3 kopp vanlig yoghurt

150 ml / ¼ pt / 2/3 kopp dubbelkräm (tung)

Tillsätt kaksmulorna i smöret eller margarinet. Tryck ut blandningen i botten av en 20 cm / 8 tums löst sittande flanring. Strö gelatinet i vattnet och lös det sedan i en kastrull med varmt vatten. Skär tre remsor med skal från en citron. Riv resten av skalet från båda citronerna. Skär citronerna i fjärdedelar, ta bort kärnor och skal och puré fruktköttet i en matberedare eller mixer. Tillsätt osten och blanda. Tillsätt socker, yoghurt och grädde och blanda igen. Tillsätt gelatinet. Häll över botten och kyl tills den stelnat. Garnera med citronskal.

Cheesecake med hasselnöt och honung

Gör en 23 cm / 9 tum kaka

175 g / 6 oz / 1½ koppar digestive cracker smulor (graham cracker)

75 g / 3 oz / 1/3 kopp smör eller margarin, smält

100 g / 4 oz / 1 kopp hasselnötter

225 g / 8 oz / 1 kopp färskost

60 ml / 4 msk ljus honung

2 ägg, separerade

15 g / ½ oz / 1 msk pulveriserat gelatin

30 ml / 2 msk vatten

250 ml / 8 fl oz / 1 kopp dubbelkräm (tung)

Blanda ihop kaksmulorna och smöret och tryck ut dem i botten av en 23 cm lösbottnad vaniljsåsform. Spara lite hasselnötter till dekoration och mal resten. Blanda med färskost, honung och äggulor och vispa väl. Strö under tiden ner gelatinet i vattnet och låt det stå tills det är fluffigt. Placera behållaren i en kastrull med varmt vatten och rör om tills den smält. Tillsätt ostblandningen i grädden. Vispa äggvitorna hårt och vänd försiktigt ner dem i blandningen. Häll över botten och kyl tills den stelnat. Garnera med hela hasselnötterna.

Vinbär och ingefära cheesecake

Gör en 23 cm / 9 tum kaka

3 bitar ingefära, tunt skivad

50 g / 2 oz / ¼ kopp strösocker

75 ml / 5 matskedar vatten

225 g / 8 oz vinbär

50 g / 2 oz / ½ paket lime-smaksatt gelatin (jello)

15 g / ½ oz / 1 msk pulveriserat gelatin

Rivet skal och saft av ½ citron

225 g / 8 oz / 1 kopp färskost

75 g / 3 oz / 1/3 kopp pulveriserat (superfint) socker

2 ägg, separerade

300 ml / ½ pt / 1¼ koppar dubbelkräm (tung)

75 g / 3 oz / 1/3 kopp smör eller margarin, smält

175 g / 6 oz / 1½ koppar pepparkakssmulor (kaka)

Smörj och bestryk en 23 cm / 9 i lös basring. Placera ingefära stjälken runt kanten av basen. Lös upp strösockret i vattnet i en kastrull och låt det sedan koka upp. Tillsätt vinbären och låt sjuda i cirka 15 minuter tills de är mjuka. Skrapa ur de röda vinbären ur sirapen med en hålslev och lägg dem i mitten av den förberedda formen. Mät upp sirapen och fyll upp till 275 ml / 9 fl oz / knappt 1 kopp vatten. Låt det sjuda igen och rör ner gelatinet tills det löst sig. Ta den från värmen och låt den stå tills den börjar stelna. Häll över vinbären och kyl tills de stelnat.

Strö gelatinet över 45 ml / 3 msk citronsaft i en skål och låt det vara fluffigt. Placera skålen i en kastrull med varmt vatten och låt den stå tills den lösts upp. Vispa färskosten med citronskal, florsocker, äggulor, gelatin och hälften av grädden. Vispa den återstående grädden tills den är tjock och vänd sedan ner den i blandningen. Vispa äggvitorna stela, och vänd ner dem lite, Lägg dem med en sked i formen och svalna tills de stelnar.

Blanda ihop smör eller margarin och kaksmulor och strö över cheesecake. Tryck lätt för att säkra basen. Kyl tills den stelnar.

Doppa botten av formen i varmt vatten i några sekunder, kör en kniv runt kanten på cheesecaken och lägg sedan på en tallrik.

Lätt citron cheesecake

Gör en 20 cm / 8 tum kaka

För basen:
50 g / 2 oz / ¼ kopp smör eller margarin

50 g / 2 oz / ¼ kopp strösocker (superfint)

100 g / 4 oz / 1 kopp digestive cracker smulor (graham cracker)

För fyllningen:
225 g / 8 oz / 1 kopp hel mjuk ost

2 ägg, separerade

100 g / 4 oz / ½ kopp strösocker (superfint)

Rivet skal av 3 citroner

150 ml / ¼ pt / 2/3 kopp dubbelkräm (tung)

saft av 1 citron

45 ml / 3 msk vatten

15 g / ½ oz / 1 msk pulveriserat gelatin

Till dressingen:
45 ml / 3 msk lemon curd

För att göra basen, smält smör eller margarin och socker på låg värme. Tillsätt kaksmulorna. Tryck in i botten av en 20 cm / 8 tums kakform (form) och kyl i kylen.

För att göra fyllningen, mjuka upp osten i en stor mixerskål. Vispa äggulor, hälften av sockret, citronskal och grädde. Lägg citronsaft, vatten och gelatin i en skål och lös upp över en kastrull med hett vatten. Slå i ostblandningen och låt stelna. Vispa äggvitorna hårt och tillsätt sedan resten av strösockret. Vänd ner lite men helt i ostblandningen. Lägg på botten och jämna till ytan. Kyl 3 till 4 timmar tills den stelnat. Pensla med lemon curd på slutet.

Citron och müsli cheesecake

Gör en 20 cm / 8 tum kaka

175 g / 6 oz / generös 1 kopp müsli

75 g / 3 oz / 1/3 kopp smör eller margarin, smält

Finrivet skal och saft av 2 citroner

15 g / ½ oz / 1 msk pulveriserat gelatin

225 g / 8 oz / 1 kopp färskost

150 ml / ¼ pt / 2/3 kopp vanlig yoghurt

60 ml / 4 msk ljus honung

2 äggvitor

Blanda müslin med smör eller margarin och tryck ut i botten av en smord lösbottnad 20 cm gräddform (panna). Kyl tills den stelnat. Förbered citronsaft upp till 150 ml / ¼ pt / 2/3 kopp med vatten. Strö gelatinet över och låt det stå tills det är mjukt. Lägg skålen i en kastrull med varmt vatten och värm försiktigt tills gelatinet har lösts upp. Blanda citronskal, ost, yoghurt och honung och tillsätt sedan gelatinet. Vispa äggvitorna till hårda toppar och vänd sedan försiktigt ner i cheesecakeblandningen. Häll över basen och kyl tills den är fast.

tangerine cheese cake

Gör en 20 cm / 8 tum kaka

200 g / 7 oz / 1¾ koppar digestive cracker smulor (graham cracker)

75 g / 3 oz / 1/3 kopp smör eller margarin, smält

Till dressingen:

275 g / 10 oz / 1 stor burk mandarin apelsiner, avrunnen

15 g / ½ oz / 1 msk pulveriserat gelatin

30 ml / 2 msk varmt vatten

150 g / 5 oz / 2/3 kopp keso

150 ml / ¼ pt / 2/3 kopp vanlig yoghurt

Blanda kexsmulorna och smör eller margarin och tryck in i botten av en 20 cm löst sittande flanring. Häftigt. Krossa mandarinerna med baksidan av en sked. Strö gelatinet över vattnet i en liten skål och låt det stå tills det är fluffigt. Placera behållaren i en kastrull med kokande vatten och låt den stå tills den lösts upp. Blanda mandarinerna, kesoen och yoghurten. Tillsätt gelatinet. Häll fyllningsblandningen över botten och kyl tills den stelnat.

Cheesecake med citron och valnöt

Gör en 20 cm / 8 tum kaka

För basen:

225 g / 8 oz / 2 koppar digestive cracker smulor (graham cracker)

25 g / 1 oz / 2 msk strösocker (superfint)

5 ml / 1 tsk mald kanel

50 g / 2 oz / ¼ kopp smör eller margarin, smält

För fyllningen:

15 g / ½ oz / 1 msk pulveriserat gelatin

30 ml / 2 msk kallt vatten

2 ägg, separerade

100 g / 4 oz / ½ kopp strösocker (superfint)

350 g / 12 oz / 1½ koppar hel mjuk ost

rivet skal och saft av 1 citron

150 ml / ¼ pt / 2/3 kopp dubbelkräm (tung)

25 g / 1 oz / ¼ kopp hackade blandade nötter

Tillsätt kaksmulor, socker och kanel i smöret eller margarinet. Tryck in i botten och sidorna av en 20 cm / 8-tums lösbottnad vaniljsåsform (form). Häftigt.

För att göra fyllningen, lös upp gelatinet i vattnet i en liten skål. Placera behållaren i en kastrull med varmt vatten och rör tills gelatinet lösts upp. Ta bort från värmen och låt svalna något. Vispa äggulor och socker. Ställ skålen över en kastrull med sjudande vatten och fortsätt vispa tills blandningen är tjock och ljus. Ta av från värmen och vispa tills det är ljummet. Tillsätt ost, citronskal och juice. Vispa grädden tills den blir hård och vänd sedan ner den i blandningen med nötterna. Tillsätt gelatinet försiktigt. Vispa äggvitorna tills de blir styva och vänd sedan ner dem i blandningen. Häll i botten och ställ i kylen i flera timmar eller över natten innan servering.

lime cheesecake

Serverar 8

För basen:

40 g / 1½ oz / 2 msk ljus honung

50 g / 2 oz / ¼ kopp demerara socker

225 g / 8 oz / 2 koppar havregryn

100 g / 4 oz / ½ kopp smör eller margarin, smält

För fyllningen:

225 g / 8 oz / 1 kopp kvarg

250 ml / 8 fl oz / 1 kopp vanlig yoghurt

2 ägg, separerade

50 g / 2 oz / ¼ kopp strösocker (superfint)

rivet skal och saft av 2 limefrukter

15 g / ½ oz / 1 msk pulveriserat gelatin

30 ml / 2 msk kokande vatten

Tillsätt honung, demerarasocker och havre till smör eller margarin. Tryck ut i botten av en smord 20 cm kakform.

För att göra fyllningen blandas kvarg, yoghurt, äggulor, socker och limeskal. Strö gelatinet över limesaften och varmt vatten och låt stå tills det löst sig. Värm över en skål med varmt vatten tills den är genomskinlig, tillsätt sedan blandningen och rör om försiktigt tills den precis börjar stelna. Vispa äggvitorna tills mjuka toppar bildas, vänd sedan ner dem i blandningen. Lägg den på den förberedda basen och låt den vila.

San Clemente Cheesecake

Gör en 20 cm / 8 tum kaka

50 g / 2 oz / ¼ kopp smör eller margarin

100 g / 4 oz / 1 kopp digestive cracker smulor (graham cracker)

2 ägg, separerade

en nypa salt

100 g / 4 oz / ½ kopp strösocker (superfint)

45 ml / 3 msk apelsinjuice

45 ml / 3 msk citronsaft

15 g / ½ oz / 1 msk gelatin

30 ml / 2 msk kallt vatten

350 g / 12 oz / 1½ koppar keso, siktad

150 ml / ¼ pt / 2/3 kopp dubbel (tung) vispgrädde

1 apelsin, skalad och skivad

Gnid en 8-tums lösbottnad panna (panna) med smöret och strö över kexsmulorna. Vispa äggulorna med salt och hälften av sockret tills det blir tjockt och krämigt. Lägg apelsin- och citronsaft i en skål och rör över en kastrull med varmt vatten tills blandningen börjar tjockna och täcker baksidan av en sked. Lös upp gelatinet i det kalla vattnet och värm försiktigt tills det tjocknar. Tillsätt fruktjuiceblandningen och låt svalna, rör om då och då. Tillsätt keso och grädde. Vispa äggvitorna hårt och tillsätt sedan resten av sockret. Vänd ner cheesecakeblandningen och häll i pajformen. Kyl tills den stelnar. Stäng av och strö över de lösa smulorna. Servera garnerad med apelsinskivor.

Påsk

Gör en 23 cm / 9 tum kaka

450 g / 1 lb / 2 koppar färskost

100 g / 4 oz / ½ kopp smör eller margarin, uppmjukat

150 g / 5 oz / 2/3 kopp pulveriserat (superfint) socker

150 ml / ¼ pt / 2/3 kopp creme fraiche (sur)

175 g / 6 oz / 1 kopp sultanor (gyllene russin)

50 g / 2 oz / ¼ kopp glaserade körsbär (kanderade)

100 g / 4 oz / 1 kopp mandel

50 g / 2 oz / 1/3 kopp hackat blandat (kanderat) skal

Blanda ost, smör eller margarin, socker och gräddfil tills det är väl blandat. Rör ihop med resterande ingredienser. Häll i en savarinform, täck över och ställ i kylen över natten. Doppa pannan i en kastrull med hett vatten i några sekunder, kör en kniv runt kanten på formen och vänd upp cheesecaken på en tallrik. Kyl innan servering.

Lätt ananas cheesecake

Gör en 25 cm / 10 tum kaka

225 g / 8 oz / 1 kopp smör eller margarin

225 g / 8 oz / 2 koppar digestive cracker smulor (graham cracker)

450 g / 1 lb / 2 koppar kvarg

1 uppvispat ägg

5 ml / 1 tsk mandelessens (extrakt)

15 ml / 1 msk strösocker (superfint).

25 g / 1 oz / ¼ kopp mald mandel

100 g / 4 oz konserverad ananas, hackad

Smält hälften av smöret eller margarinet och tillsätt kaksmulorna. Tryck in i botten på en 25 cm / 10 i buntform och låt svalna. Vispa resten av smöret eller margarinet med kvargen, ägget, mandelessensen, sockret och den malda mandeln. Tillsätt ananas. Bred ut över kexbottnen och låt svalna i 2 timmar.

ananas cheesecake

Gör en 20 cm / 8 tum kaka

75 g / 3 oz / 1/3 kopp smör eller margarin, smält

175 g / 6 oz / 1½ koppar digestive cracker smulor (graham cracker)

15 g / ½ oz / 1 msk pulveriserat gelatin

425 g / 15 oz / 1 stor burk ananas i naturlig juice, avrunnen och reserverad för juice

3 ägg, separerade

75 g / 3 oz / 1/3 kopp pulveriserat (superfint) socker

150 ml / ¼ pt / 2/3 kopp vanlig (lätt) grädde

150 ml / ¼ pt / 2/3 kopp dubbelkräm (tung)

225 g / 8 oz / 2 koppar riven cheddarost

150 ml / ¼ pt / 2/3 kopp mjölk

150 ml / ¼ pt / 2/3 kopp vispad grädde

Blanda smör eller margarin med kaksmulorna och tryck in i botten av en 8-tums/20 cm flanring. Lös botten. Kyl tills den stelnar.

Strö gelatinet över 30 ml / 2 msk av den reserverade ananasjuicen i en skål och låt den vara fluffig. Spara lite ananas till dekoration, hacka sedan resten och lägg på tårtbotten. Placera skålen i en kastrull med varmt vatten och låt den stå tills den löst upp. Vispa äggulor, socker och 150 ml / ¼ pt / 2/3 kopp av den reserverade ananasjuicen i en värmesäker skål över en kastrull med sjudande vatten tills blandningen är tjock och flagnig. Ta bort från elden. Vispa enkel och dubbel grädde tills den blir tjock, tillsätt ost och mjölk och vänd sedan ner äggblandningen med gelatinet. Låt svalna. Vispa äggvitorna hårt och vänd sedan försiktigt ner i blandningen.

Vispa den vispade grädden och piprosetterna runt toppen av kakan och garnera sedan med den reserverade ananasen.

russin cheesecake

Serverar 8

För basen:

100 g / 4 oz / ½ kopp smör eller margarin

40 g / 1½ oz / 2 msk ljus honung

50 g / 2 oz / ¼ kopp demerara socker

225 g / 8 oz / 2 koppar havregryn

För fyllningen:

225 g / 8 oz / 1 kopp keso

150 ml / ¼ pt / 2/3 kopp vanlig yoghurt

150 ml / ¼ pt / 2/3 kopp creme fraiche (sur)

50 g / 2 oz / 1/3 kopp russin

15 g / ½ oz / 1 msk pulveriserat gelatin

60 ml / 4 matskedar kokande vatten

Smält smör eller margarin och tillsätt sedan honung, socker och havre. Tryck ut i botten av en smord 20 cm kakform.

För att göra fyllningen, sikta kesoen i en skål och blanda med yoghurt och gräddfil. Tillsätt russinen. Strö gelatinet över det varma vattnet och låt det stå tills det löst sig. Värm över en skål med varmt vatten tills den är genomskinlig, tillsätt sedan blandningen och rör om försiktigt tills den precis börjar stelna. Lägg den på den förberedda basen och låt den vila.

halloncheesecake

Gör en 15 cm / 6 tums kaka

75 g / 3 oz / 1/3 kopp smör eller margarin, smält

175 g / 6 oz / 1½ koppar digestive cracker smulor (graham cracker)

3 ägg, separerade

300 ml / ½ pt / 1¼ koppar mjölk

25 g / 1 oz / 2 msk strösocker (superfint)

15 g / ½ oz / 1 msk gelatin

30 ml / 2 msk kallt vatten

225 g / 8 oz / 1 kopp färskost, lätt vispad

Rivet skal och saft av ½ citron

450 g hallon

Blanda smör eller margarin och kex och tryck ut i botten av en lösbottnad 6/15 cm kakform. Kyl medan du gör fyllningen. Vispa äggulorna och häll dem i en kastrull med mjölken och värm försiktigt under konstant omrörning tills vaniljsåsen tjocknar. Ta av från värmen och tillsätt socker. Strö gelatinet över det varma vattnet och låt det stå tills det löst sig. Värm i en skål med varmt vatten tills det är genomskinligt, tillsätt sedan osten med konditorivaror, citronskal och saft. Vispa äggvitorna tills de blir styva, vänd ner dem i blandningen och lägg dem på botten. Cool att lägga. Garnera med hallonen precis innan servering.

Siciliansk cheesecake

Gör en 25 cm / 10 tum kaka

900 g / 2 lb / 4 koppar ricottaost

100 g / 4 oz / 2/3 kopp strösocker (konditorsocker)

5 ml / 1 tsk rivet apelsinskal

100 g / 4 oz / 1 kopp vanlig (halvsöt) choklad, riven

10 oz / 275 g hackad blandad frukt

10 oz / 275 g fingerkex (kakor) eller pundkaka, skivade

175 ml / 6 fl oz / ¾ kopp rom

Vispa ricottan med hälften av sockret och apelsinskalet. Spara 15 ml / 1 msk av chokladen och frukten för dekoration, vänd sedan ner resten i blandningen. Klä en 25 cm kakform (form) med plastfolie (plastfolie). Doppa kakorna eller svampen i rommen för att fukta, använd sedan det mesta för att täcka botten och sidorna av formen. Fördela ostblandningen inuti. Doppa resterande kex i rommen och använd för att toppa ostblandningen. Täck med plastfolie (plastfolie) och tryck ner. Kyl i 1 timme tills den stelnar. Ta bort formen, hjälp till med den genomskinliga filmen, strö över resten av strösockret och dekorera med den reserverade chokladen och frukten.

Yoghurtglaserad ostkaka

Gör en 23 cm / 9 tum kaka

För basen:

2 ägg

75 g / 3 oz / ¼ kopp lätt honung

100 g / 4 oz / 1 kopp fullkornsvetemjöl (fullkornsvete)

10 ml / 2 tsk bakpulver

Några droppar vaniljessens (extrakt)

För fyllningen:

25 g / 1 oz / 2 msk pulveriserat gelatin

30 ml / 2 msk strösocker (superfint)

75 ml / 5 matskedar vatten

225 g / 8 oz / 1 kopp vanlig yoghurt

225 g / 8 oz / 1 kopp mjuk färskost

75 g / 3 oz / ¼ kopp lätt honung

250 ml / 8 fl oz / 1 kopp vispad grädde

Till dressingen:

100 g hallon

45 ml / 3 msk sylt (reserv)

15 ml / 1 msk vatten

För att göra basen, vispa ägg och honung fluffigt. Tillsätt gradvis mjöl, bakpulver och vaniljessens tills en homogen massa erhålls. Kavla ut på lätt mjölat underlag och lägg på botten av en 23 cm smord brödform (form). Grädda i en förvärmd ugn vid 200°C/400°F/gasmark 6 i 20 minuter. Ta ut ur ugnen och låt svalna.

För att göra fyllningen, lös upp gelatinet och sockret i vattnet i en liten skål och lämna blandningen i en kastrull med varmt vatten tills den är genomskinlig. Ta bort den från vattnet och låt den svalna något. Vispa yoghurt, färskost och honung tills det är väl blandat. Vispa grädden stel. Tillsätt grädden i yoghurtblandningen och tillsätt sedan gelatinet. Lägg på basen och låt vila.

Lägg hallonen i ett fint mönster ovanpå. Smält sylten med vattnet och för den sedan genom en sil (durkslag). Pensla ovansidan av cheesecaken och svalna innan servering.

jordgubbscheese Cake

Gör en 20 cm / 8 tum kaka

100 g / 4 oz / 1 kopp digestive cracker smulor (graham cracker)

25 g / 1 oz / 2 msk demerara socker

50 g / 2 oz / ¼ kopp smör eller margarin, smält

15 ml / 1 msk pulveriserat gelatin

45 ml / 3 msk vatten

350 g / 12 oz / 1½ koppar keso

50 g / 2 oz / ¼ kopp strösocker (superfint)

rivet skal och saft av 1 citron

2 ägg, separerade

300 ml / ½ pt / 1¼ koppar vanlig (lätt) grädde

100 g / 4 oz jordgubbar, skivade

120 ml / 4 fl oz / ½ kopp dubbel (tung) grädde, vispad

Blanda kaksmulor, demerarasocker och smör eller margarin och tryck ut i botten av en 20 cm springform. Kyl tills den stelnar.

Strö gelatinet i vattnet och låt det vara luftigt. Placera behållaren i en kastrull med varmt vatten och låt den stå tills den är genomskinlig. Blanda ost, florsocker, citronskal och -saft, äggulor och grädde. Vispa gelatinet. Vispa äggvitorna tills de blir hårda och vänd ner dem i ostblandningen. Häll över botten och kyl tills den stelnat.

Lägg jordgubbarna ovanpå cheesecaken och sprid krämen runt kanten för att dekorera.

Sultana och Brandy Cheesecake

Gör en 20 cm / 8 tum kaka

100 g / 4 oz / 2/3 kopp sultanor (gyllene russin)

45 ml / 3 msk konjak

100 g / 4 oz / ½ kopp smör eller margarin, uppmjukat

100 g / 4 oz / ½ kopp mjukt farinsocker

75 g / 3 oz / ¾ kopp vanligt mjöl (alltså)

75 g / 3 oz / ¾ kopp mald mandel

2 ägg, separerade

225 g / 8 oz / 1 kopp färskost

100 g / 4 oz / ½ kopp keso (mjuk keso)

Några droppar vaniljessens (extrakt)

150 ml / ¼ pt / 2/3 kopp dubbelkräm (tung)

Lägg russinen i en skål med konjak och låt dem dra tills de är fylliga. Grädde smöret eller margarinet och 50 g / 2 oz / ¼ kopp socker tills det blir blekt och fluffigt. Blanda i mjöl och mald mandel och blanda till en deg. Tryck ut i en smord 20 cm/8in lös botten kakform och grädda i en förvärmd ugn vid 180°C/350°F/gasmark 4 i 12 minuter tills den är gyllenbrun. Låt svalna.

Vispa äggulorna med hälften av det återstående sockret. Tillsätt ostarna, vaniljessensen, sultanerna och konjaken. Vispa grädden stel och tillsätt den sedan i blandningen. Vispa äggvitorna hårda, tillsätt sedan resten av sockret och vispa igen tills det blir hårt och glansigt. Vänd ner ostblandningen. Häll över den kokta botten och ställ i kylen i flera timmar tills den stelnat.

Bakad ostkaka

Gör en 20 cm / 8 tum kaka

50 g / 2 oz / ¼ kopp smör eller margarin, smält

225 g / 8 oz / 2 koppar digestive cracker smulor (graham cracker)

225 g / 8 oz / 1 kopp keso

100 g / 4 oz / ½ kopp strösocker (superfint)

3 ägg, separerade

25 g / 1 oz / ¼ kopp majsmjöl (majsstärkelse)

2,5 ml / ½ tesked vaniljessens (extrakt)

400 ml / 14 fl oz / 1¾ koppar gräddfil (mjölksyra)

Blanda smöret eller margarinet och kaksmulorna och tryck ut dem i botten av en smord 20 cm/8 tums springform. Blanda alla övriga ingredienser utom äggvitan. Vispa äggvitorna tills de blir hårda, vänd sedan ner dem i blandningen och lägg dem på kexbotten. Grädda i en förvärmd ugn vid 150°C/300°F/gasmark 3 i 1½ timme. Stäng av ugnen och öppna luckan något. Låt cheesecaken stå i ugnen tills den svalnat.

Bakade cheesecake barer

Gör 16

75 g / 3 oz / 1/3 kopp smör eller margarin

100 g / 4 oz / 1 kopp vanligt mjöl (alltså)

75 g / 3 oz / 1/3 kopp mjukt farinsocker

50 g / 2 oz / ½ kopp hackade pekannötter

225 g / 8 oz / 1 kopp färskost

50 g / 2 oz / ¼ kopp strösocker (superfint)

1 ägg

30 ml / 2 msk mjölk

5 ml / 1 tsk citronsaft

2,5 ml / ½ tesked vaniljessens (extrakt)

Gnid in smöret eller margarinet i mjölet tills blandningen liknar ströbröd. Tillsätt farinsocker och nötter. Tryck ut allt utom 100 g / 4 oz / 1 kopp av blandningen i en smord 20 cm / 8 kakform. Grädda i en förvärmd ugn vid 180°C/350°F/gasmarkering 4 i 15 minuter tills de är lätt gyllene.

Vispa färskost och florsocker slät. Vispa ägg, mjölk, citronsaft och vaniljessens. Bred ut blandningen över kakan i formen och strö över den reserverade smör-valnötsblandningen. Grädda i ytterligare 30 minuter tills den stelnat och fått lite färg på toppen. Låt svalna, kyl och servera kallt.

Amerikansk cheesecake

Gör en 23 cm / 9 tum kaka

175 g / 6 oz / 1½ koppar digestive cracker smulor (graham cracker)

15 ml / 1 msk strösocker (superfint).

50 g / 2 oz / ¼ kopp smör eller margarin, smält

För fyllningen:

450 g / 1 lb / 2 koppar färskost

450 g / 1 lb / 2 koppar keso

250 g / 9 oz / generös 1 kopp pulveriserat (superfint) socker

10 ml / 2 tsk vaniljessens (extrakt)

5 ägg, separerade

400 ml / 14 fl oz / 1 stor burk evaporerad mjölk

120 ml / 4 fl oz / ½ kopp dubbel grädde (tung)

30 ml / 2 msk vanligt mjöl (alltså)

en nypa salt

15 ml / 1 msk citronsaft

Blanda kaksmulorna och sockret med det smälta smöret och tryck in i botten av en 23 cm / 9-tums pajform med lös botten.

För att göra fyllningen, blanda ihop ostarna och tillsätt sedan socker och vaniljessens. Blanda i äggulorna, följt av den indunstade mjölken, grädden, mjölet, saltet och citronsaften. Vispa äggvitorna tills de blir styva, vänd sedan försiktigt ner dem i blandningen. Häll i tårtformen och grädda i en förvärmd ugn på 180°C/350°F/gasmark 4 i 45 minuter. Låt svalna långsamt och svalna sedan innan servering.

Holländsk bakad äppelcheesecake

Gör en 20 cm / 8 tum kaka

100 g / 4 oz / ½ kopp smör eller margarin

175 g / 6 oz / 1½ koppar digestive cracker smulor (graham cracker)

2 bordsäpplen (till efterrätt), skalade, urkärnade och skivade

100 g / 4 oz / 2/3 kopp sultanor (gyllene russin)

225 g / 8 oz / 2 koppar Gouda ost, riven

25 g / 1 oz / ¼ kopp vanligt mjöl (alltså)

75 ml / 5 matskedar enkel kräm (lätt)

2,5 ml / ½ tsk blandade malda kryddor (äppelkaka)

rivet skal och saft av 1 citron

3 ägg, separerade

100 g / 4 oz / ¾ kopp pulveriserat (superfint) socker

2 rödskalade äpplen, urkärnade och skivade

30 ml / 2 msk aprikossylt (på burk), siktad (siktad)

Smält hälften av smöret eller margarinet och tillsätt kaksmulorna. Tryck ut blandningen i botten av en lösbottnad 20 cm/8" kakform. Smält resten av smöret och stek (stekt) ätäpplena tills de är mjuka och gyllene. Häll av överflödigt fett, låt det svalna något, fördela sedan över kexbotten och strö över russin.

Blanda ost, mjöl, grädde, kryddblandning och citronsaft och skal. Blanda äggulor och socker och rör ner i ostblandningen tills det är väl blandat. Vispa äggvitorna tills de blir styva och vänd sedan ner dem i blandningen. Placera i den förberedda formen och grädda i en förvärmd ugn vid 180°C / 350°F / gasmark 4 i 40 minuter tills den är fast i mitten. Låt svalna i formen.

Ordna äppelskivorna i cirklar runt toppen av kakan. Hetta upp sylten och pensla den över äpplena för att glasera.

Bakad aprikos- och hasselnötscheesecake

Gör en 18 cm / 7 tum kaka

75 g / 3 oz / 1/3 kopp smör eller margarin

100 g / 4 oz / 1 kopp vanligt mjöl (alltså)

100 g / 4 oz / ½ kopp strösocker (superfint)

25 g / 1 oz / ¼ kopp malda hasselnötter

30 ml / 2 msk kallt vatten

100 g / 4 oz / 2/3 kopp färdiga att äta torkade aprikoser, hackade

rivet skal och saft av 1 citron

100 g / 4 oz / ½ kopp keso (mjuk keso)

100 g / 4 oz / ½ kopp färskost

25 g / 1 oz / ¼ kopp majsmjöl (majsstärkelse)

2 ägg, separerade

15 ml / 1 msk strösocker (konditorer) socker

Gnid in smöret eller margarinet i mjölet tills blandningen liknar ströbröd. Tillsätt hälften av sockret och hasselnötterna, tillsätt sedan tillräckligt med vatten för att göra en fast deg (pasta). Rulla ut och använd för att fodra en 18 cm / 7 tum smord lös basring. Fördela aprikoserna på botten. Krossa skal och citronsaft och ostar i en matberedare eller mixer. Vispa i resterande socker, majsstärkelse och äggulor tills det är slätt och krämigt. Vispa äggvitorna hårda, vänd ner dem i blandningen och fördela dem på pannan. Grädda i en förvärmd ugn vid 180°C/350°F/gas 4 i 30 minuter tills de är väl jäst och gyllene. Låt svalna något, sikta sedan florsockret över toppen och servera varmt eller kallt.

Bakad aprikos- och apelsincheesecake

Serverar 8

Till degen (pastan):

75 g / 3 oz / 1/3 kopp smör eller margarin

175 g / 6 oz / 1½ koppar vanligt mjöl (alltså)

en nypa salt

30 ml / 2 msk vatten

För fyllningen:

225 g / 8 oz / 1 kopp keso (mjuk keso)

75 ml / 5 msk mjölk

2 ägg, separerade

30 ml / 2 msk ljus honung

3 droppar apelsinessens (extrakt)

rivet skal av 1 apelsin

25 g / 1 oz / ¼ kopp vanligt mjöl (alltså)

75 g / 3 oz / ½ kopp aprikoshalvor, hackade

Gnid in smöret eller margarinet i mjölet och saltet tills blandningen liknar ströbröd. Tillsätt gradvis tillräckligt med vatten för att göra en slät smet. Bred ut på en lätt mjölad yta och använd för att fodra en smord 20 cm / 8 tums flanring. Klä med bakplåtspapper (vax) och bakbönor och blindgrädda i en förvärmd ugn vid 200°C/400°F/gasmarkering 6 i 10 minuter, ta sedan bort papper och bönor, sänk ugnstemperaturen till 190°C/375°F /gasmark 5 och grädda lådan (pajen) i ytterligare 5 minuter.

Blanda under tiden ost, mjölk, äggulor, honung, apelsinskal, apelsinskal och mjöl tills det är slätt. Vispa äggvitorna tills de bildar mjuka toppar, vänd sedan ner dem i blandningen. Häll i lådan och strö över aprikoserna. Grädda i den förvärmda ugnen i 20 minuter tills den är fast.

Bakad aprikos och ricotta cheesecake

Gör en 23 cm / 9 tum kaka

100 g / 4 oz / ½ kopp smör eller margarin

225 g / 8 oz / 2 koppar digestive cracker smulor (graham cracker)

75 g / 3 oz / 1/3 kopp pulveriserat (superfint) socker

5 ml / 1 tsk mald kanel

900 g / 2 lb / 4 koppar ricottaost

30 ml / 2 msk vanligt mjöl (alltså)

2,5 ml / ½ tesked vaniljessens (extrakt)

rivet skal av 1 citron

3 äggulor

350g aprikoser, urkärnade (stenade) och halverade

50 g / 2 oz / ½ kopp flingad mandel (skivad)

Smält smöret och tillsätt sedan kexen, 30ml / 2 msk socker och kanel. Tryck ut blandningen i en smord 9-tums pajform med lös botten (panna). Vispa ricottaosten med resterande socker, mjöl, vaniljessens och citronskal i 2 minuter. Vispa gradvis i äggulorna tills blandningen är slät. Häll hälften av fyllningen över kexbotten. Fördela aprikoserna över fyllningen, strö över mandel och häll sedan resterande fyllning ovanpå. Grädda i en förvärmd ugn vid 180°C/350°F/gasmarkering 4 i 15 minuter tills den är fast vid beröring. Låt svalna och ställ sedan i kylen.

boston cheesecake

Gör en 23 cm / 9 tum kaka

225 g / 8 oz / 2 koppar vanliga kaksmulor (kakor)

50 g / 2 oz / ¼ kopp strösocker (superfint)

2,5 ml / ½ tesked mald kanel

En nypa riven muskotnöt

75 g / 3 oz / 1/3 kopp smör eller margarin, smält

För fyllningen:

4 ägg, separerade

225 g / 8 oz / 1 kopp strösocker (superfint)

250 ml / 8 fl oz / 1 kopp gräddfil (mejerisyra)

5 ml / 1 tsk vaniljessens (extrakt)

30 ml / 2 msk vanligt mjöl (alltså)

en nypa salt

450 g / 1 lb / 2 koppar färskost

Blanda kaksmulor, socker, kanel och muskot med det smälta smöret och tryck sedan ner i botten och sidorna av en 23 cm/9-tums lösbottnad vaniljsåsform. Vispa äggulorna tjocka och krämiga. Vispa äggvitorna hårda, tillsätt 50 g / 2 oz / ¼ kopp socker och fortsätt att vispa tills det blir hårt och glansigt. Blanda crème fraichen och vaniljessensen med äggulorna och tillsätt sedan resterande socker, mjöl och salt. Tillsätt osten försiktigt och tillsätt sedan äggvitan. Häll i botten och grädda i en förvärmd ugn vid 160°C/325°F/gasmark 3 i 1 timme tills den är fast vid beröring. Låt svalna och svalna sedan innan servering.

Bakad karibisk ostkaka

Gör en 23 cm / 9 tum kaka

För basen:

100 g / 4 oz / 1 kopp vanligt mjöl (alltså)

25 g / 1 oz / ¼ kopp mald mandel

25 g / 1 oz / 2 msk mjukt farinsocker

50 g / 2 oz / ¼ kopp smör eller margarin, smält och kylt

1 ägg

15 ml / 1 msk mjölk

För fyllningen:

75 g / 3 oz / ½ kopp russin

15-30 ml / 1-2 msk rom (efter smak)

225 g / 8 oz / 1 kopp keso (mjuk keso)

50 g / 2 oz / ¼ kopp smör eller margarin

25 g / 1 oz / ¼ kopp mald mandel

50 g / 2 oz / ¼ kopp strösocker (superfint)

2 ägg

För att göra basen, blanda mjöl, mandel och farinsocker. Tillsätt smör eller margarin, ägg och mjölk och blanda till en slät smet. Kavla ut och forma botten av en 23 cm / 9 tum smord kakform (form), sticka över den med en gaffel och grädda i en förvärmd ugn på 190 °C / 375 °F / gasmark 5 i 10 minuter tills ljuset är ljust. gyllene .

För att göra fyllningen, blötlägg russinen i rommen tills de är tjocka. Blanda ost, smör, mald mandel och florsocker. Blanda i äggen och tillsätt sedan russin och rom efter smak. Häll över botten och grädda i den förvärmda ugnen i 10 minuter tills den är gyllenbrun och fast vid beröring.

Bakad choklad cheesecake

Gör en 23 cm / 9 tum kaka

För basen:

100 g / 4 oz / 1 kopp pepparkakssmulor

15 ml / 1 msk socker

50 g / 2 oz / ¼ kopp smör, smält

För fyllningen:

175 g / 6 oz / 1½ koppar vanlig (halvsöt) choklad

225 g / 8 oz / 1 kopp strösocker (superfint)

30 ml / 2 msk kakaopulver (osötad choklad)

450 g / 1 lb / 2 koppar färskost

120 ml / 4 fl oz / ½ kopp gräddfil (mejerisyra)

5 ml / 1 tsk vaniljessens (extrakt)

4 ägg, lätt vispade

För att göra basen, blanda kexen och sockret med det smälta smöret och tryck ner i botten av en smord 9-tums lösbottnad form (panna). För att göra fyllningen, smält chokladen med hälften av sockret och kakaon i en värmesäker skål placerad över en kastrull med sjudande vatten. Ta bort från värmen och låt svalna något. Vispa osten lätt och blanda sedan gradvis i resterande socker, creme fraiche och vaniljessens.Tillsätt gradvis äggen, tillsätt sedan chokladblandningen och häll över den förberedda botten. Grädda i en förvärmd ugn vid 180°C/350°F/gasmarkering 4 i 40 minuter tills den är fast vid beröring.

Cheesecake med choklad och valnöt

Gör en 23 cm / 9 tum kaka

För basen:

100 g / 4 oz / 1 kopp digestive cracker smulor (graham cracker)

100 g / 4 oz / ½ kopp strösocker (superfint)

50 g / 2 oz / ¼ kopp smör, smält

För fyllningen:

175 g / 6 oz / 1½ koppar vanlig (halvsöt) choklad

50 g / 2 oz / ¼ kopp strösocker (superfint)

30 ml / 2 msk kakaopulver (osötad choklad)

450 g / 1 lb / 2 koppar färskost

25 g / 1 oz / ¼ kopp mald mandel

120 ml / 4 fl oz / ½ kopp gräddfil (mejerisyra)

5 ml / 1 tsk mandelessens (extrakt)

4 ägg, lätt vispade

För att göra basen, blanda kexsmulorna och 100 g / 4 oz / ½ kopp socker med det smälta smöret och tryck in i basen av en smord 23 cm / 9 i springform. För att göra fyllningen, smält chokladen med sockret och kakaon i en värmesäker skål över en kastrull med sjudande vatten. Ta bort från värmen och låt svalna något. Vispa osten ljus och blanda sedan gradvis i resterande socker, mald mandel, creme fraiche och mandelessens.Tillsätt gradvis äggen, tillsätt sedan chokladblandningen och häll över den förberedda basen. Grädda i en förvärmd ugn vid 180°C/350°F/gasmarkering 4 i 40 minuter tills den är fast vid beröring.

tysk cheesecake

Gör en 23 cm / 9 tum kaka

Till basen

25 g / 1 oz / 2 msk smör eller margarin

225 g / 8 oz / 2 koppar vanligt mjöl (alltså)

2,5 ml / ½ tsk bakpulver

50 g / 2 oz / ¼ kopp strösocker (superfint)

1 äggula

15 ml / 1 msk mjölk

För fyllningen:

900 g / 2 lb / 4 koppar keso

225 g / 8 oz / 1 kopp strösocker (superfint)

50 g / 2 oz / ¼ kopp smör eller margarin, smält

250 ml / 8 fl oz / 1 kopp dubbelkräm (tung)

5 ml / 1 tsk vaniljessens (extrakt)

4 ägg, lätt vispade

175 g / 6 oz / 1 kopp sultanor (gyllene russin)

15 ml / 1 msk majsmjöl (majsstärkelse)

en nypa salt

För att göra basen, gnid in smöret eller margarinet i mjölet och bakpulvret, tillsätt sedan sockret och gör en brunn i mitten. Blanda äggula och mjölk och blanda tills du får en ganska jämn deg. Tryck in i botten av en 23 cm / 9 tums fyrkantig kakform.

För att göra fyllningen, häll av överflödig vätska från keso, tillsätt sedan socker, smält smör, grädde och vaniljessens. Tillsätt äggen. Kasta sultanerna i majsmjölet och saltet tills de precis är täckta, släng dem sedan i blandningen. Häll över botten och grädda i en förvärmd ugn vid 230°C / 450°F / gasmark 8 i 10 minuter. Sänk ugnstemperaturen till 190°C / 375°F / gasmark 5 och grädda i ytterligare 1 timme tills den är fast vid beröring. Låt svalna i formen och kyl sedan.

Irländsk gräddlikör cheesecake

Gör en 23 cm / 9 tum kaka

För basen:

225 g / 8 oz / 2 koppar digestive cracker smulor (graham cracker)

50 g / 2 oz / ½ kopp mald mandel

100 g / 4 oz / ½ kopp strösocker (superfint)

100 g / 4 oz / ½ kopp smör eller margarin, smält

För fyllningen:

900 g / 2 lb / 4 koppar färskost

225 g / 8 oz / 1 kopp strösocker (superfint)

5 ml / 1 tsk vaniljessens (extrakt)

175 ml / 6 fl oz / ¾ kopp irländsk gräddlikör

3 ägg

Till dressingen:

250 ml / 8 fl oz / 1 kopp gräddfil (mejerisyra)

60ml / 4 matskedar irländsk gräddlikör

50 g / 2 oz / ¼ kopp strösocker (superfint)

För att göra botten, blanda kexen, mandeln och sockret med det smälta smöret eller margarinet och tryck ut i botten och sidorna av en 9/23 cm springform.

För att göra fyllningen, vispa färskost och socker tills det är slätt. Tillsätt essensen av vanilj och sprit. Blanda gradvis i äggen. Häll i botten och grädda i en förvärmd ugn på 180°C/350°F/gasmarkering 4 i 40 minuter.

För att göra beläggningen, vispa grädden, likören och sockret tills det blir tjockt. Häll toppen av cheesecaken och fördela jämnt. Sätt tillbaka cheesecaken i ugnen i ytterligare 5 minuter. Låt svalna och svalna sedan innan servering.

Amerikansk citron- och valnötscheesecake

Gör en 20 cm / 8 tum kaka

För basen:

225 g / 8 oz / 2 koppar digestive cracker smulor (graham cracker)

25 g / 1 oz / 2 msk strösocker (superfint)

5 ml / 1 tsk mald kanel

50 g / 2 oz / ¼ kopp smör eller margarin, smält

För fyllningen:

2 ägg, separerade

100 g / 4 oz / ½ kopp strösocker

350 g / 12 oz / 1½ koppar hel mjuk ost

rivet skal och saft av 1 citron

150 ml / ¼ pt / 2/3 kopp dubbelkräm (tung)

25 g / 1 oz / ¼ kopp hackade blandade nötter

För att göra basen, tillsätt smulor, socker och kanel till smöret eller margarinet. Tryck in i botten och sidorna av en 20 cm / 8-tums lösbottnad vaniljsåsform (form). Häftigt.

För att göra fyllningen, vispa äggulorna och sockret tills det blir tjockt. Tillsätt ost, citronskal och juice. Vispa grädden stel och tillsätt den sedan i blandningen. Vispa äggvitorna tills de blir styva och vänd sedan ner dem i blandningen. Häll i botten och grädda i en förvärmd ugn på 160°C / 325°F / gasmark 3 i 45 minuter. Strö över nötterna och sätt tillbaka i ugnen i ytterligare 20 minuter. Stäng av ugnen och låt cheesecaken svalna i ugnen, kyl sedan innan servering.

orange cheesecake

Gör en 23 cm / 9 tum kaka

För basen:

100 g / 4 oz / 1 kopp krossade rån (kakor)

2,5 ml / ½ tesked mald kanel

15 ml / 1 msk äggvita

För fyllningen:

450 g / 1 lb / 2 koppar keso

225 g / 8 oz / 1 kopp färskost

75 g / 3 oz / 1/3 kopp pulveriserat (superfint) socker

15 ml / 1 msk vanligt mjöl (alltså)

30 ml / 2 msk apelsinjuice

10 ml / 2 tsk rivet apelsinskal

5 ml / 1 tsk vaniljessens (extrakt)

1 stor apelsin, skuren i bitar och utan skal

100 g / 4 oz jordgubbar, skivade

För att göra basen, blanda ihop knapriga våfflor och kanel. Vispa äggvitorna tills det blir skum, vänd sedan i smulorna. Tryck ner blandningen i botten av en lösbottnad 23 cm / 9-tums bakform (form). Grädda i en förvärmd ugn vid 180°C/350°F/gasmark 4 i 10 minuter. Ta ut ur ugnen och låt svalna. Sänk ugnstemperaturen till 150°C/300°F/gasmarkering 2.

För att göra fyllningen, blanda ostarna, sockret, mjölet, apelsinjuicen och skalet och vaniljessensen till en jämn smet. Häll över botten och grädda i den förvärmda ugnen i 35 minuter tills den stelnat. Låt svalna och ställ sedan i kylen tills den stelnat. Garnera med apelsiner och jordgubbar.

Ricotta cheese cake

Gör en 23 cm / 9 tum kaka

För basen:

25 g / 1 oz / 2 msk strösocker (superfint)

5 ml / 1 tsk rivet citronskal

100 g / 4 oz / 1 kopp vanligt mjöl (alltså)

Några droppar vaniljessens (extrakt)

1 äggula

25 g / 1 oz / 2 msk smör eller margarin

Till dressingen:

750 g / 1½ lb / 3 koppar ricottaost

225 g / 8 oz / 1 kopp strösocker (superfint)

120 ml / 4 fl oz / ½ kopp dubbel grädde (tung)

45 ml / 3 msk vanligt mjöl (alltså)

5 ml / 1 tsk vaniljessens (extrakt)

5 ägg, separerade

150 g / 5 oz hallon eller jordgubbar

För att göra basen, vispa socker, citronskal och mjöl och tillsätt sedan vaniljessens, äggula och smör eller margarin. Fortsätt vispa tills blandningen bildar en deg. Tryck ut hälften av smeten i en smord 23cm/9 springform (form) och grädda i en förvärmd ugn på 200°C/400°F/gasmark 6 i 8 minuter. Sänk ugnstemperaturen till 180°C/350°F/gasmärke 4. Låt svalna och tryck sedan ut resterande bakverk runt sidorna av formen.

För att göra toppingen, vispa ricottaosten tills den är krämig. Tillsätt socker, grädde, mjöl, vaniljessens och äggulor. Vispa äggvitorna tills de blir styva och vänd sedan ner dem i blandningen. Häll i botten och grädda i den förvärmda ugnen i 1 timme. Låt svalna i formen och svalna sedan innan du lägger frukten ovanpå för servering.

Bakad ost i lager och gräddfil

Gör en 23 cm / 9 tum kaka

50 g / 2 oz / ¼ kopp smör eller margarin, uppmjukat

50 g / 2 oz / ¼ kopp strösocker (superfint)

1 ägg

350 g / 12 oz / 3 koppar vanligt mjöl (alltså)

För fyllningen:

675 g / 1½ lb / 3 koppar färskost

15 ml / 1 msk citronsaft

5 ml / 1 tsk rivet citronskal

175 g / 6 oz / ¾ kopp strösocker (superfint)

3 ägg

250 ml / 8 fl oz / 1 kopp gräddfil (mejerisyra)

5 ml / 1 tsk vaniljessens (extrakt)

För att göra basen, grädde smör eller margarin och socker tills det är ljust och fluffigt. Vispa gradvis i ägget och vänd sedan ner mjölet till en deg (pasta). Kavla ut och använd för att fodra en smord 23 cm/9" kakform och grädda i en förvärmd ugn vid 220°C/425°F/gasmark 7 i 5 minuter.

För att göra fyllningen blandas färskost, citronsaft och skal tillsammans. Reservera 30 ml / 2 msk socker, blanda sedan ner resten i osten. Tillsätt äggen gradvis och häll sedan blandningen i botten. Grädda i den förvärmda ugnen i 10 minuter, sänk sedan ugnstemperaturen till 150°C/300°F/gasmark 2 och grädda i ytterligare 30 minuter. Blanda gräddfil, reserverat socker och vaniljessens. Häll över kakan och sätt tillbaka till ugnen och grädda i ytterligare 10 minuter. Låt svalna och svalna sedan innan servering.

Lättbakad cheesecake med sultaner

Gör en 18 cm / 7 tum kaka

75 g / 3 oz / 1/3 kopp smör eller margarin, smält

100 g / 4 oz / 1 kopp havregryn

50 g / 2 oz / 1/3 kopp sultanor (gyllene russin)

För fyllningen:

50 g / 2 oz / ¼ kopp smör eller margarin, uppmjukat

250g / 9oz / generös 1 kopp kvarg

2 ägg

25 g / 1 oz / 3 msk sultanor (gyllene russin)

25 g / 1 oz / ¼ kopp mald mandel

Saft och skal av 1 citron

45 ml / 3 msk vanlig yoghurt

Blanda smör eller margarin, havre och russin. Tryck in i botten av en smord 18 cm / 7 i kakform och grädda i en förvärmd ugn vid 180 °C / 350 °F / gasmark 4 i 10 minuter. Blanda ingredienserna till fyllningen och lägg dem på botten. Grädda i 45 minuter till. Låt den svalna i formen innan du tar ut den.

Lättbakad vaniljcheesecake

Gör en 23 cm / 9 tum kaka

175 g / 6 oz / 1½ koppar digestive cracker smulor (graham cracker)

225 g / 8 oz / 1 kopp strösocker (superfint)

5 äggvitor

50 g / 2 oz / ¼ kopp smör eller margarin, smält

225 g / 8 oz / 1 kopp färskost

225 g / 8 oz / 1 kopp keso

120 ml / 4 fl oz / ½ kopp mjölk

30 ml / 2 msk vanligt mjöl (alltså)

5 ml / 1 tsk vaniljessens (extrakt)

en nypa salt

Blanda kaksmulorna och 50 g / 2 oz / ¼ kopp socker tillsammans. Vispa lätt en äggvita och blanda ner den i smör eller margarin, blanda sedan ner i kaksmulan. Tryck in i botten och sidorna av en 23 cm / 9-tums lösbottnad vaniljsåsform (panna) och ställ åt sidan.

För att göra fyllningen, vispa ihop färskost och keso, tillsätt sedan resterande socker, mjölk, mjöl, vaniljessens och salt. Vispa de återstående äggvitorna tills de blir hårda och vänd sedan ner dem i blandningen. Häll i botten och grädda i en förvärmd ugn vid 180°C/350°F/gasmarkering 4 i 1 timme tills den stelnat i mitten. Låt svalna i pannan i 30 minuter innan du överför till ett galler för att avsluta kylningen. Kyl till servering.

Bakad vit choklad cheesecake

Gör en 18 cm / 7 tum kaka

225 g / 8 oz / 2 koppar naturlig (halvsöt) choklad digestive graham cracker smulor

50 g / 2 oz / ¼ kopp smör eller margarin, smält

300 g / 11 oz / 2¾ koppar vit choklad

400 g / 14 oz / 1¾ koppar färskost

150 ml / ¼ pt / 2/3 kopp creme fraiche (sur)

2 ägg, lätt vispade

5 ml / 1 tsk vaniljessens (extrakt)

Blanda kaksmulorna med smör eller margarin och tryck ner i botten av en 7-tums lösbottnad kakform. Smält den vita chokladen i en värmesäker skål över en kastrull med sjudande vatten. Ta av från värmen och tillsätt färskost, grädde, ägg och vaniljessens. Fördela blandningen på botten och jämna till toppen. Grädda i en förvärmd ugn vid 160°C/325°F/gasmarkering 3 i 1 timme tills den är fast vid beröring. Låt svalna i formen.

Cheesecake med vit choklad och hasselnöt

Gör en 23 cm / 9 tum kaka

225 g / 8 oz chokladwafer cookies (kakor)

100 g / 4 oz / 1 kopp malda hasselnötter

30 ml / 2 msk mjukt farinsocker

5 ml / 1 tsk mald kanel

225 g / 8 oz / 1 kopp smör eller margarin

450 g / 1 lb / 4 koppar vit choklad

900 g / 2 lb / 4 koppar färskost

4 ägg

1 äggula

5 ml / 1 tsk vaniljessens (extrakt)

Mal eller krossa rånen och blanda med hälften av hasselnötterna, sockret och kanelen. Spara 45 ml / 3 matskedar av blandningen för att täcka. Smält 90 ml / 6 msk smör eller margarin och blanda ner i den återstående rånblandningen. Tryck ut i botten och sidorna av en smord 23 cm springform och svalna medan du gör fyllningen.

Smält chokladen i en värmesäker skål över en kastrull med sjudande vatten. Ta bort från värmen och låt svalna något. Vispa osten lätt och fluffig. Tillsätt gradvis ägg och gula, tillsätt sedan resterande smör och smält choklad. Tillsätt vaniljessensen och resterande hasselnötter och vispa till en slät smet. Häll fyllningen i smulbottnen. Grädda i en förvärmd ugn vid 150°C/300°F/gasmark 2 i 1¼ timme. Strö toppen med den reserverade wafer cookie-blandningen och valnötterna och sätt tillbaka till ugnen i ytterligare 15 minuter. Låt svalna och svalna sedan innan servering.

Vit choklad wafer cheesecake

Gör en 23 cm / 9 tum kaka

225 g / 8 oz chokladwafer cookies (kakor)

30 ml / 2 msk strösocker (superfint)

5 ml / 1 tsk mald kanel

225 g / 8 oz / 1 kopp smör eller margarin

450 g / 1 lb / 4 koppar vit choklad

900 g / 2 lb / 4 koppar färskost

4 ägg

1 äggula

5 ml / 1 tsk vaniljessens (extrakt)

Mal eller krossa våfflorna och blanda med socker och kanel. Lägg åt sidan 45 ml / 3 matskedar av blandningen för att täcka. Smält 90 ml / 6 msk smör eller margarin och blanda ner i den återstående rånblandningen. Tryck in i botten och sidorna av en smord lösbotten 23 cm krämform (panna) och kyl.

För att göra fyllningen, smält chokladen i en värmesäker skål över en kastrull med sjudande vatten. Ta bort från värmen och låt svalna något. Vispa osten lätt och fluffig. Tillsätt gradvis ägg och gula, tillsätt sedan resterande smör och smält choklad. Tillsätt vaniljessens och vispa till en slät smet. Häll fyllningen i smulbottnen. Grädda i en förvärmd ugn vid 150°C/300°F/gasmark 2 i 1¼ timme. Strö över den reserverade rånblandningen och sätt tillbaka till ugnen i 15 minuter till. Låt svalna och svalna sedan innan servering.

Bruten massa

Basic pajskal är den mest mångsidiga degen (pasta) och kan användas för alla typer av applikationer, främst pajer och kakor. Den bakas vanligtvis vid 200°C/400°F/gasmark 6.

Ger 350g / 12oz

225 g / 8 oz / 2 koppar vanligt mjöl (alltså)

2,5 ml / ½ tsk salt

50 g / 2 oz / ¼ kopp ister (ghee)

50 g / 2 oz / ½ kopp smör eller margarin

30–45 ml / 2–3 matskedar kallt vatten

Blanda mjöl och salt i en skål och gnugga sedan ihop ister och smör eller margarin tills blandningen liknar ströbröd. Strö vattnet jämnt över blandningen och blanda sedan med en rundbladig kniv tills degen börjar bilda stora klumpar. Tryck försiktigt ihop med fingrarna tills degen bildar en boll. Kavla ut på en lätt mjölad yta tills den är slät, men inte överhand. Slå in i plastfolie (plastfolie) och ställ i kylen i 30 minuter innan användning.

mördeg med olja

I likhet med grundläggande pajskal är denna smuligare och bör användas så fort den är klar. Den bakas vanligtvis vid 200°C/400°F/gasmark 6.

Ger 350g / 12oz

75 ml / 5 matskedar olja

65 ml / 2½ fl oz / 4½ msk kallt vatten

225 g / 8 oz / 2 koppar vanligt mjöl (alltså)

en nypa salt

Vispa olja och vatten i en skål tills det blandas. Tillsätt gradvis mjöl och salt, blanda med en rund kniv tills en deg bildas. Lägg på en lätt mjölad yta och knåda försiktigt tills den är slät. Slå in i plastfolie (plastfolie) och ställ i kylen i 30 minuter innan användning.

rik mördeg

Den används till söta pajer och vaniljsås, eftersom den är rikare än vanliga mördeg (grundpajdeg). Den bakas vanligtvis vid 200°C/400°F/gasmark 6.

Ger 350g / 12oz

150 g / 5 oz / 1¼ koppar vanligt mjöl (alltså)

en nypa salt

75 g / 3 oz / 1/3 kopp osaltat smör eller margarin (sött)

1 äggula

10 ml / 2 tsk strösocker (superfint)

45-60 ml / 3-4 msk kallt vatten

Blanda mjöl och salt i en skål och gnid sedan i smöret eller margarinet tills blandningen liknar ströbröd. Vispa äggulan, sockret och 10 ml / 2 tsk vatten i en liten skål, blanda sedan i mjölet med en rund kniv, tillsätt precis tillräckligt med extra vatten för att göra en slät smet. Tryck ut till en boll, vänd ut på en lätt mjölad yta och knåda försiktigt tills den är slät. Slå in i plastfolie (plastfolie) och ställ i kylen i 30 minuter innan användning.

Amerikansk mördegskaka

En klibbig smördeg (pasta) som ger en krispigare finish, perfekt att använda med frukt. Den bakas vanligtvis vid 200°C/400°F/gasmark 6.

Ger 350g / 12oz

175 g / 6 oz / ¾ kopp smör eller margarin, uppmjukat

225 g / 8 oz / 2 koppar självhöjande mjöl (jäst)

2,5 ml / ½ tsk salt

45 ml / 3 msk kallt vatten

Vispa smör eller margarin tills det är mjukt. Tillsätt gradvis mjöl, salt och vatten och blanda tills du får en kladdig deg. Täck med plastfolie (plastfolie) och ställ i kylen i 30 minuter. Bred ut lätt mjölat bakplåtspapper mellan plåtarna.

ostbröd

En mördeg (pasta) för salta pajer eller bakverk. Den bakas vanligtvis vid 200°C/400°F/gasmark 6.

Ger 350g / 12oz

100 g / 4 oz / 1 kopp vanligt mjöl (alltså)

en nypa salt

en nypa cayennepeppar

50 g / 2 oz / ¼ kopp smör eller margarin

50 g / 2 oz / ½ kopp riven cheddarost

1 äggula

30 ml / 2 msk kallt vatten

Blanda mjöl, salt och cayennepeppar i en skål och gnid sedan in smöret eller margarinet tills blandningen liknar ströbröd. Tillsätt osten och blanda sedan i äggulan och tillräckligt med vatten för att göra en hård deg. Lägg på en lätt mjölad yta och knåda försiktigt tills det blandas. Slå in i plastfolie (plastfolie) och ställ i kylen i 30 minuter innan användning.

chouxbakelse

En lätt pasta (pasta) som sväller upp till tre gånger sin storlek utan att gräddas under tillagningen. Perfekt för tårtor och gräddbakelser. Den bakas vanligtvis vid 200°C/400°F/gasmark 6.

Ger 350g / 12oz

50 g / 2 oz / ¼ kopp osaltat smör (sött)

150 ml / ¼ pt / 2/3 kopp mjölk och vatten i lika stora mängder, blandat

75 g / 3 oz / 1/3 kopp vanligt mjöl (alltså)

2 ägg, lätt vispade

Smält smöret i mjölken och vattnet i en kastrull på låg värme. Koka snabbt upp, ta bort från värmen. Häll i allt mjöl och vispa tills blandningen lossnar från sidorna av pannan. Kyl något. Tillsätt äggen lite i taget, lite i taget, tills blandningen är slät och glansig.

Smördeg

Smördeg (pasta) används till ömtåliga bakverk som krämstrutar. Det bör endast göras under svala förhållanden. Den bakas vanligtvis vid 220°C/425°F/gasmark 7.

Avkastning 450 g / 1 pund

225 g / 8 oz / 2 koppar vanligt mjöl (alltså)

2,5 ml / ½ tsk salt

75 g / 3 oz / 1/3 kopp ister (vegetabiliskt fett)

75 g / 3 oz / 1/3 kopp smör eller margarin

5 ml / 1 tsk citronsaft

100 ml / 3½ fl oz / 6½ matskedar isvatten

Blanda mjöl och salt i en skål. Blanda ister och smör eller margarin, forma sedan till ett block och skär i fjärdedelar. Gnid in en fjärdedel av fettet i mjölet tills blandningen liknar ströbröd. Tillsätt citronsaft och tillräckligt med vatten för att göra en smidig deg med en rund kniv. Täck med plastfolie (plastfolie) och ställ i kylen i 20 minuter.

Kavla ut degen på en lätt mjölad yta tills den är cirka 5 mm / ¼ tum tjock. Hacka nästa fettfjärdedel och strö två tredjedelar av degen, lämna ett hål runt kanten. Vik den smorda tredjedelen av degen över fettet, vik sedan den smorda tredjedelen över den. Tryck runt alla sömmar med fingrarna för att försegla. Täck med matfilm och ställ i kylen i 20 minuter.

Lägg degen på ytan med skarven åt höger. Bred ut som tidigare, strö sedan över den tredje fjärdedelen av fettet. Vik, förslut och kyl som tidigare.

Lägg degen på ytan med skarven åt vänster. Bred ut som tidigare, strö sedan över den sista fjärdedelen av fettet. Vik, förslut och kyl som tidigare.

Kavla ut degen till en tjocklek av 5 mm / ¼ tum och vik igen. Täck med matfilm och ställ i kylen i 20 minuter innan du använder.

Smördeg

Smördeg (pasta) ska jäsa ungefär sex gånger sin höjd när den gräddas och kan användas till alla typer av lätta kakor som kräver en luftig deg. Den bakas vanligtvis vid 230°C/450°F/gasmark 8.

Avkastning 450 g / 1 pund

225 g / 8 oz / 2 koppar vanligt mjöl (alltså)

5 ml / 1 tsk salt

225 g / 8 oz / 1 kopp smör eller margarin

2,5 ml / ½ tsk citronsaft

150 ml / ¼ pt / 2/3 kopp iskallt vatten

Blanda mjöl och salt i en skål. Skär 50 g / 2 oz / ¼ kopp smör eller margarin i bitar och gnid sedan in dem med mjölet tills blandningen liknar ströbröd. Tillsätt citronsaft och vatten och blanda med en rund kniv tills det är slätt. Vänd ut degen på en lätt mjölad yta och knåda försiktigt tills den är slät. Forma till en boll och skär ett djupt kors i mitten, skär cirka tre fjärdedelar av degen (pastan). Öppna flikarna och kavla degen så att mitten blir tjockare än kanterna. Lägg resten av smöret eller margarinet i mitten av degen, vik ihop flikarna så att de täcker och förslut kanterna. Kavla ut degen till en 40 x 20 cm / 16 x 8 tum rektangel, var noga med att inte låta smöret komma ut. Vik den nedre tredjedelen av degen mot mitten och vik sedan den översta tredjedelen över den. Tryck till kanterna för att täta och ge sedan degen ett kvarts varv. Täck med plastfolie (plastfolie) och ställ i kylen i 20 minuter. Upprepa rullning, vikning och kylning 6 gånger totalt. Täck med matfilm och ställ i kylen i 30 minuter innan du använder.

rå smördeg

Lättare att göra än smördeg (pasta), lätt i konsistensen, serveras helst varm snarare än kall. Den bakas vanligtvis vid 220°C/425°F/gasmark 7.

Avkastning 450 g / 1 pund

225 g / 8 oz / 2 koppar vanligt mjöl (alltså)

5 ml / 1 tsk salt

175 g / 6 oz / ¾ kopp smör eller margarin, kallt och i tärningar

5 ml / 1 tsk citronsaft

150 ml / ¼ pt / 2/3 kopp iskallt vatten

Blanda alla ingredienser med en rund kniv till en smidig deg. Vänd ut på en lätt mjölad yta och kavla försiktigt ut till en 30 x 10 cm / 12 x 4 rektangel ca. 2 cm / ¾ tjock. Vik in den nedre tredjedelen av degen mot mitten, sedan den övre tredjedelen nedåt ovanpå. Vänd på degen så att skarven är åt vänster och förslut kanterna med fingertopparna. Kavla ut till en lite större rektangel, ca 1/2 cm tjock. Vik in tredjedelar på samma sätt, täta kanterna och kvarts vänd degen. Täck med plastfolie (plastfolie) och ställ i kylen i 20 minuter. Upprepa detta genom att rulla, vika och vrida totalt fyra gånger, svalna efter varannan varv.

pate sucrée

En tunn och söt deg (pasta) med smältande konsistens, utmärkt till pajer (pajer). Den är vanligtvis blindgräddad vid 180°C/350°F/gasmark 4.

Ger 350g / 12oz

100 g / 4 oz / 1 kopp vanligt mjöl (alltså)

en nypa salt

50 g / 2 oz / ¼ kopp smör eller margarin, uppmjukat

50 g / 2 oz / ¼ kopp strösocker (superfint)

2 äggulor

Sikta mjöl och salt på en sval arbetsyta och gör en brunn i mitten. Lägg smöret eller margarinet, sockret och äggulorna i mitten och arbeta ihop, arbeta gradvis in i mjölet med fingertopparna tills du har en smidig, smidig deg. Täck med plastfolie (plastfolie) och ställ i kylen i 30 minuter innan användning.

Grädde Choux-bullar

Gör 16

50 g / 2 oz / ¼ kopp osaltat smör (sött)

150 ml / ¼ pt / 2/3 kopp mjölk och vatten i lika stora mängder, blandat

75 g / 3 oz / 1/3 kopp vanligt mjöl (alltså)

2 vispade ägg

150 ml / ¼ pt / 2/3 kopp dubbelkräm (tung)

Pulveriserat (konfektyr) socker, siktat, för att pudra

Smält smöret med mjölk och vatten i en kastrull och låt det sedan koka upp. Ta av från värmen, häll i allt mjöl och vispa tills blandningen lossnar från kastrullens sidor. Tillsätt gradvis äggen lite i taget tills de precis blandas. Häll eller häll smeten på en fuktad plåt och grädda i en förvärmd ugn vid 200°C/400°F/gasmark 6 i 20 minuter, beroende på storleken, tills den är gyllenbrun. Gör en skåra i sidan av varje paj så att ånga kan komma ut och låt sedan svalna på ett galler. Vispa grädden stel och rör sedan ner den i mitten av chouxbullarna. Servera beströdd med florsocker.

Mandarinpuffar med ost

Gör 16

Till degen (pastan):

50 g / 2 oz / ¼ kopp smör

150 ml / ¼ pt / 2/3 kopp vatten

75 g / 3 oz / ¾ kopp vanligt mjöl (alltså)

2 vispade ägg

För fyllningen:

300 ml / ½ pt / 1¼ koppar dubbelkräm (tung)

75 g / 3 oz / ¾ kopp cheddarost, riven

10 ml / 2 tsk apelsinlikör

300 g / 11 oz / 1 medium burk mandarin apelsiner, avrunnen

Smält smöret med vattnet i en kastrull och låt det sedan koka upp. Ta av från värmen, häll i allt mjöl och vispa tills blandningen lossnar från kastrullens sidor. Tillsätt äggen lite i taget, lite i taget, tills de precis blandas. Häll eller häll smeten på en fuktad plåt och grädda i en förvärmd ugn vid 200°C/400°F/gasmark 6 i 20 minuter, beroende på storleken, tills den är gyllenbrun. Gör en skåra i sidan av varje paj så att ånga kan komma ut och låt sedan svalna på ett galler.

Vispa hälften av grädden tills den blir hård och tillsätt sedan osten och likören. Tillsätt chouxpuffar och pressa några mandariner i varje. Lägg bollarna på ett stort fat och servera med resterande grädde.

choklad eclairs

10 sedan

225g / 8oz chouxbakelse

För fyllningen:

150 ml / ¼ pt / 2/3 kopp dubbelkräm (tung)

5 ml / 1 tsk pulveriserat (superfint) socker

5ml / 1 tsk strösocker (konditorer) socker

Några droppar vaniljessens (extrakt)

Till såsen:

50 g / 2 oz / ½ kopp vanlig (halvsöt) choklad

15 g / ½ oz / 1 msk smör eller margarin

20 ml / 4 teskedar vatten

25 g / 1 oz / 3 matskedar strösocker (konditorer).

Häll smeten i en konditoripåse försedd med ett slätt ¾ / 2 cm munstycke och rör i 10 bitar på en lätt smord bakplåt med bra avstånd från varandra. Grädda i en förvärmd ugn vid 190°C/375°F/gasmarkering 5 i 30 minuter tills éclairerna är väl stelnade och gyllene. Lägg den på ett galler och skär ena sidan för att låta ångan komma ut. Låt svalna.

För att göra fyllningen, vispa grädden med socker och vaniljessens. Häll i éclairs.

För att göra såsen, smält choklad, smör eller margarin och vatten i en liten kastrull på låg värme under konstant omrörning. Vispa florsockret och fördela ovanpå éclairerna.

vinstroller

20 sedan

225g / 8oz chouxbakelse

För fyllningen:
150 ml / ¼ pt / 2/3 kopp dubbelkräm (tung)

5 ml / 1 tsk pulveriserat (superfint) socker

5ml / 1 tsk strösocker (konditorer) socker

Några droppar vaniljessens (extrakt)

Till såsen:
50 g / 2 oz / ½ kopp vanlig (halvsöt) choklad, riven

25 g / 1 oz / 2 msk strösocker (superfint)

300 ml / ½ pt 1¼ koppar mjölk

15 ml / 1 msk majsmjöl (majsstärkelse)

Några droppar vaniljessens (extrakt)

Häll degen i en spritspåse försedd med ett vanligt ¾ / 2 cm munstycke (spets) och lägg ca. 20 bollar på en lätt smord plåt med bra avstånd från varandra. Grädda i en förvärmd ugn vid 190°C / 375°F / gasmark 5 i 25 minuter, tills profiterolerna är väl jästa och gyllene. Lägg dem på ett galler och skiva var och en så att ångan kommer ut. Låt svalna.

För att göra fyllningen, vispa grädden med socker och vaniljessens. Häll i profiterolerna. Lägg dem i en hög hög på en tallrik.

För att göra såsen, lägg chokladen och sockret i en skål med allt utom 15 ml / 1 msk mjölk. Blanda den reserverade mjölken med majsstärkelsen. Värm mjölk, choklad och socker på låg värme tills chokladen smält, rör om då och då. Tillsätt majsmjölsblandningen och låt koka upp. Koka i 3 minuter, rör om. Tillsätt essensen av vanilj. Sila ner i en varm kanna. Häll den heta såsen över profiterolerna, eller låt den svalna och häll sedan över degen.

Mandel- och persikamördeg

Gör en 23 cm / 9 tum kaka

250 g / 12 oz smördeg

225 g / 8 oz / 2 koppar mald mandel

175 g / 6 oz / ¾ kopp strösocker (superfint)

2 ägg

5 ml / 1 tsk citronsaft

15 ml / 1 msk Amaretto

1 pund/450 g persikor, urkärnade (stenade) och halverade

Superfint (extra fint) socker för avtorkning

50 g / 2 oz / ½ kopp flingad mandel (skivad)

Kavla ut degen på lätt mjölat underlag till två rektanglar på ca. ¼ / 5 mm tjock. Lägg en på en fuktad plåt. Blanda den malda mandeln, sockret, ett ägg, citronsaft och Amaretto och blanda tills du får en pasta. Kavla ut pastan till en rektangel i samma storlek och lägg ovanpå degen. Lägg persikorna med skärsidan nedåt ovanpå mandelblandningen. Separera det återstående ägget och pensla kanterna på degen med lite vispad gula. Vik den återstående rektangeln av deg på mitten på längden. Skär skåror var 1 cm / ½ tum från vecket till 1 cm / ½ tum från motsatt kant. Vik ut degen och lägg över persikorna, tryck på kanterna för att täta. Röj kanterna med en kniv. Låt svalna i 30 minuter. Pensla med den återstående uppvispade äggulan och grädda i en förvärmd ugn vid 220°C / 425°F / gasmark 7 i 20 minuter tills den har fått en väl genomstekt. Pensla med äggvita, ringla över florsocker och strö över mandeln. Sätt tillbaka den i ugnen i ytterligare 10 minuter tills den är gyllene.

Äppel väderkvarnar

Gör 6

225 g / 8 oz smördeg

1 stort äpple att äta (efterrätt)

15 ml / 1 msk citronsaft

30 ml / 2 msk aprikossylt (på burk), siktad (siktad)

15 ml / 1 msk vatten

Kavla ut degen och skär i 13 cm fyrkanter. Gör fyra snitt på 5 cm / 2 tum på de diagonala linjerna på kakrutorna från kanten mot mitten. Blöt mitten av rutorna och tryck en spets från varje hörn mot mitten för att göra en väderkvarn. Skala, kärna ur och skär äpplet i tunna skivor och tillsätt citronsaft. Ordna äppelskivorna i mitten av hjulen och grädda i en förvärmd ugn vid 220°C/425°F/gasmark 7 i 10 minuter tills de har fått en gyllenbrun färg. Värm sylten med vattnet tills den är väl blandad, bred sedan ut äpplena och frostingen. Låt svalna.

grädde horn

10 sedan

450g / 1lb smördeg eller smördeg

1 äggula

15 ml / 1 msk mjölk

300 ml / ½ pt / 1¼ koppar dubbelkräm (tung)

50 g / 2 oz / 1/3 kopp strösocker, siktat, plus extra för torkning

Kavla ut degen till en rektangel på 50 x 30 cm / 20 x 12 tum, klipp till kanterna och skär sedan på längden i 2,5 cm / 1 tums remsor. Blanda äggulan med mjölken och pensla degen försiktigt med blandningen, se till att inga ägg fastnar i botten av degen eller fastnar i formarna. Spiral varje remsa runt en metallhornform, överlappande kanterna på degremsorna. Pensla igen med äggula och mjölk och lägg på en bakplåt (för kakor) ända ner. Grädda i en förvärmd ugn vid 200°C/400°F/gasmarkering 6 i 15 minuter tills de är gyllenbruna. Låt svalna i 3 minuter, ta sedan bort formarna från degen medan den fortfarande är varm. Låt svalna. Vispa grädden med strösocker tills den blir hård och häll sedan i gräddstrutarna. Strö över lite mer florsocker.

feuilleté

Gör 6

225 g / 8 oz smördeg

100 g hallon

120 ml / 4 fl oz / ½ kopp dubbel grädde (tung)

60 ml / 4 msk florsocker (konfektyr)

några droppar vatten

Några droppar röd färg.

Kavla ut degen till en tjocklek av 5 mm / ¼ på en lätt mjölad yta och forma kanterna till en rektangel. Placera på en osedd (kaka) bakplåt och grädda i en förvärmd ugn vid 220°C/425°F/gasmark 7 i 10 minuter tills den är väl jäst och gyllene. Låt svalna. Skär degen horisontellt i två lager. Tvätta, låt rinna av och torka frukten noggrant. Vispa grädden stel. Bred på det nedre lagret av deg, toppa med frukt, lägg sedan det översta lagret av deg ovanpå. Lägg strösockret i en skål och tillsätt gradvis tillräckligt med vatten för att göra en tjock glasyr. Bred ut det mesta av frostingen över toppen av kakan. Färga resten av frostingen med lite matfärg, tillsätt lite mer florsocker om den blir för rinnig. Pipa eller ringla in ränder över den vita glasyren, kör sedan en cocktailplockare (tandpetare) genom ränderna för att skapa en fjädereffekt. Servera omedelbart.

Ricottafyllda pajer

Gör 16

350 g / 12 oz smördeg

1 äggvita

10 ml / 2 tsk strösocker (superfint)

För fyllningen:
150 ml / ¼ pt / 2/3 kopp dubbel (tung) eller vispgrädde

100 g / 4 oz / ½ kopp ricottaost

30 ml / 2 msk strösocker (superfint)

45 ml / 3 msk hackat blandat skal

Flormelis (konditor) för avtorkning

Kavla ut degen (pastan) tunt på en lätt mjölad yta och skär den i fyra cirklar på 18 cm. Skär varje cirkel i fjärdedelar, lägg på en lätt smord plåt och ställ i kylen i 30 minuter.

Vispa äggvitorna till skum, tillsätt sedan sockret. Pensla på degen och grädda i en förvärmd ugn i 10 minuter tills den precis jäst och är gyllenbrun. Lägg över till ett galler och skär i trianglar för att placera fyllningen med en sked. Låt svalna.

För att göra fyllningen, vispa grädden tills den blir styv. Mjuka upp ricottan i en skål och tillsätt sedan grädde, socker och frukt. Häll eller häll fyllningen i kakorna och servera genast, strö över florsocker.

pekannötter

18 sedan

200 g / 7 oz / 1¾ koppar valnötter, grovmalda

75 g / 3 oz / 1/3 kopp pulveriserat (superfint) socker

30 ml / 2 msk anislikör eller Pernod

25 g / 1 oz / 2 msk smör eller margarin, uppmjukat

450 g / 1 lb smördeg

1 uppvispat ägg

Blanda nötter, socker, sprit och smör eller margarin. Kavla ut degen (pastan) på en lätt mjölad yta till en rektangel på 60 x 30 cm (eller så kan du kavla ut hälften av degen åt gången). Skär i 18 rutor och dela nötblandningen mellan rutorna. Pensla rutornas kanter med uppvispat ägg, vik och förslut till en korvform med skarven under och vrid ihop ändarna som ett godispapper. Lägg dem på en smord plåt (för kakor) och pensla med uppvispat ägg. Grädda i förvärmd ugn vid 230°C/450°F/gasmark 8 i 10 minuter tills de har fått en gyllenbrun färg. Ät varmt samma dag de gräddas.

danska kakor

Avkastning 450 g / 1 pund

450 g / 1 lb / 4 koppar vanligt mjöl (alltså)

5 ml / 1 tsk salt

25 g / 1 oz / 2 msk strösocker (superfint)

5 ml / 1 tsk mald kardemumma

50 g / 2 oz färsk jäst eller 75 ml / 5 msk torrjäst

250 ml / 8 fl oz / 1 kopp mjölk

1 uppvispat ägg

300 g / 10 oz / 1¼ koppar smör, skivat

Sikta mjöl, salt, socker och kardemumma i en skål. Vispa upp jästen med lite mjölk och blanda med mjölet med resterande mjölk och ägget. Blanda till en deg och knåda tills den är slät och glansig.

Kavla ut degen (pastan) på en lätt mjölad yta till en rektangel på 56 x 30 cm / 22 x 12 tum cirka 1 cm / ½ tum tjock. Lägg smörskivorna över den mellersta tredjedelen av degen, lämna en lucka runt kanterna. Vik en tredjedel av degen för att täcka smöret, vik sedan över den återstående tredjedelen. Tryck ihop ändarna med fingertopparna och ställ sedan i kylen i 15 minuter. Kavla ut igen till samma storlek, vik till tredjedelar och låt svalna i 15 minuter. Upprepa processen en gång till. Lägg degen i en mjölad plastpåse och låt vila i 15 minuter innan du använder den.

Dansk födelsedagskringla

Serverar 8

50 g / 2 oz färsk jäst

50 g / 2 oz / ¼ kopp strösocker

450 g / 1 lb / 4 koppar vanligt mjöl (alltså)

250 ml / 8 fl oz / 1 kopp mjölk

1 ägg

200g / 7oz / sparsamt 1 kopp smör, kallt och skivat

För fyllningen:

100 g / 4 oz / 1 kopp hackad mandel

100 g / 4 oz / ½ kopp smör eller margarin

100 g / 4 oz / ½ kopp strösocker (superfint)

Vispat ägg till glasyr

25 g / 1 oz / ¼ kopp blancherade mandlar, grovt hackad

15 ml / 1 msk demerara socker

Vispa jästen med sockret. Lägg mjölet i en skål. Vispa mjölken och ägget och tillsätt mjölet med jästen. Blanda tills du får en deg, täck över och låt stå kallt i 1 timme. Kavla ut degen (pastan) till 56 x 30 cm / 22 x 12 tum. Ringla smöret i den mellersta tredjedelen av degen, undvik kanterna. Vik en tredjedel av degen över smöret, vik sedan den andra tredjedelen och tryck ihop kanterna. Låt svalna i 15 minuter. Sträck, vik och kyl ytterligare tre gånger.

Blanda resten av ingredienserna, förutom ägg, mandel och socker, till en slät smet.

Kavla ut degen till en lång remsa ca 3 mm tjock och 10 cm bred. Bred ut fyllningen på mitten, fukta kanterna och tryck ihop dem över fyllningen. Forma till en kringlaform på en smord plåt (för kakor) och låt den vila i 15 minuter på en varm plats. Pensla med uppvispat ägg och strö över den blancherade mandeln och demerarasockret. Grädda i en förvärmd ugn vid 230°C/450°F/gasmarkering 8 i 15 till 20 minuter tills de har fått en gyllenbrun färg.

danska wienerbrödssnigel

Gör 16

100 g / 4 oz / ½ kopp osaltat (sött) smör, mjukat

60 ml / 4 msk florsocker (konfektyr)

45 ml / 3 matskedar vinbär

½ mängd danska wienerbröd

15 ml / 1 msk mald kanel

glaserad glasyr

För att göra fyllningen, grädda ihop smör och florsocker tills det är slätt, tillsätt sedan vinbären. Kavla ut degen till en rektangel på ca 40 x 15 cm. Bred ut med smörfyllning och strö över kanel. Rulla ihop från den korta änden för att göra en swiss roll (gelé) form. Skär i 16 skivor och lägg på en plåt. Låt stå på en varm plats i 15 minuter. Grädda i en förvärmd ugn vid 230°C/450°F/gasmark 8 i 10 till 15 minuter tills de är gyllenbruna. Låt svalna och dekorera med frosting.

danska wienerbrödsflätor

Gör 16

½ mängd danska wienerbröd

1 uppvispat ägg

25 g / 1 oz / 3 matskedar vinbär

glaserad glasyr

Dela degen i sex lika stora delar och forma var och en till en lång rulle. Fukta ändarna på rullarna och tryck ihop dem till tre, vrid sedan ihop bitarna och förslut ändarna. Skär i 10 cm / 4 långa bitar och lägg på en ugnsplåt. Låt stå på en varm plats i 15 minuter. Pensla med uppvispat ägg och strö över vinbär. Grädda i en förvärmd ugn vid 230°C/450°F/gasmarkering 8 i 10 till 15 minuter tills de är genomstekt och gyllene. Låt svalna och is sedan med glaserad frosting.

Danskt bakverk Väderkvarnar

Gör 16

25 g / 1 oz / ¼ kopp mald mandel

25 g / 1 oz / 3 matskedar strösocker (konditorer).

lite äggvita

½ mängd danska wienerbröd

För att göra fyllningen, mal mandeln och florsockret tillsammans och blanda sedan gradvis i tillräckligt med äggvita för att få en fast, jämn blandning. Kavla ut degen och skär den i 10 cm stora rutor. Skär diagonalt från hörnen till 1 cm / ½ tum från mitten. Placera en matsked av fyllningen i mitten av varje väderkvarn, för sedan fyra av hörnen till mitten som en väderkvarn och tryck på fyllningen. Lägg på en plåt (kakor) och låt stå på en varm plats i 15 minuter. Pensla med den återstående äggvitan och grädda i en förvärmd ugn vid 230°C/450°F/gasmarkering 8 i 10 till 15 minuter tills den har fått en gyllenbrun färg.

mandelkakor

Gör 24

450 g / 1 lb / 2 koppar strösocker (superfint)

450 g / 1 lb / 4 koppar mald mandel

6 ägg, lätt vispade

5 ml / 1 tsk vaniljessens (extrakt)

75 g / 3 oz / ¾ kopp pinjenötter

Blanda socker, mald mandel, ägg och vaniljessens tills det är väl blandat. Häll upp i en smord och klädd ugnsplåt på 30 x 23 cm / 12 x 9 och strö över pinjenötterna. Grädda i en förvärmd ugn vid 180°C/350°F/gasmarkering 4 i 1½ timme tills den är gyllenbrun och fast vid beröring. Skär i rutor.

Grundläggande sockerkaka

Gör en 23 cm / 9 i fodral (skal)

2 ägg

200g / 7oz / knappt 1 kopp pulveriserat (superfint) socker

5 ml / 1 tsk vaniljessens (extrakt)

150 g / 5 oz / 1¼ koppar vanligt mjöl (alltså)

5 ml / 1 tsk bakpulver

en nypa salt

120 ml / 4 fl oz / ½ kopp mjölk

50 g / 2 oz / ¼ kopp smör eller margarin

Vispa ägg, socker och vaniljessens och blanda sedan i mjöl, bakpulver och salt. Koka upp mjölken och smöret eller margarinet i en liten kastrull, häll sedan i kakmixen och blanda väl. Häll i en smord 23 cm/9in bakform (form) och grädda i en förvärmd ugn vid 180°C/350°F/gasmark 4 i 30 minuter tills de är lätt gyllene. Lägg på galler för att svalna.

Mandelkaka

Gör en 20 cm / 8 tum kaka

175 g / 6 oz mördeg

För fyllningen:
50 g / 2 oz / ¼ kopp smör eller margarin, uppmjukat

2 vispade ägg

50 g / 2 oz / ½ kopp självhöjande mjöl

75 g / 3 oz / ¾ kopp mald mandel

Några droppar mandelessens (extrakt)

45 ml / 3 msk apelsinjuice

400 g / 14 oz / 1 stor burk persikor eller aprikoser, väl dränerad

15 ml / 1 msk flingad mandel (skivad)

Kavla ut degen (pastan) och använd den för att fodra en smord 20 cm / 8 kastrull. Nagga botten med en gaffel. Vispa smör eller margarin och ägg ljust. Blanda gradvis i mjöl, mald mandel, mandelessens och apelsinjuice.Rör persikor eller aprikoser i en matberedare eller gnugga genom ett durkslag. Bred ut purén över degen, häll sedan mandelblandningen ovanpå. Strö över den flingade mandeln och grädda i en förvärmd ugn vid 190°C/375°F/gasmark 5 i 40 minuter tills den är spänstig vid beröring.

Äppel- och apelsinkaka från 1700-talet

Gör en 18 cm / 7 tum kaka

Till degen (pastan):

100 g / 4 oz / 1 kopp vanligt mjöl (alltså)

25 g / 1 oz / 2 msk strösocker (superfint)

50 g / 2 oz / ¼ kopp smör eller margarin

1 äggula

För fyllningen:

75 g / 3 oz / 1/3 kopp smör eller margarin, uppmjukat

75 g / 3 oz / 1/3 kopp pulveriserat (superfint) socker

4 äggulor

25 g / 1 oz / 3 matskedar hackat blandat (kanderat) skal

Rivet skal av 1 stor apelsin

1 äpple att äta (efterrätt)

För att göra degen, blanda mjöl och socker i en skål och gnid sedan in smöret eller margarinet tills blandningen liknar ströbröd. Tillsätt äggulorna och blanda lätt tills du får en deg. Slå in i plastfolie (plastfolie) och ställ i kylen i 30 minuter innan användning. Kavla ut degen och klä en 18 cm ring av smörad flan.

För att göra fyllningen, grädda ihop smöret eller margarinet och sockret tills det är ljust och fluffigt, blanda sedan ihop äggulor, blandat skal och apelsinskal. Häll smeten över degen. Skala, kärna ur och riv äpplet och fördela det över pannan. Grädda i en förvärmd ugn vid 180°C/350°F/gasmarkering 4 i 30 minuter.

Tysk äppelpaj

Gör en 20 cm / 8 tum kaka

Till degen (pastan):

100 g / 4 oz / 1 kopp självhöjande mjöl

50 g / 2 oz / ¼ kopp mjukt farinsocker

25 g / 1 oz / ¼ kopp mald mandel

75 g / 3 oz / 1/3 kopp smör eller margarin

5 ml / 1 tsk citronsaft

1 äggula

För fyllningen:

450 g / 1 lb kokande (sårta) äpplen, skalade, urkärnade och skivade

75 g / 3 oz / 1/3 kopp mjukt farinsocker

rivet skal av 1 citron

5 ml / 1 tsk citronsaft

Till dressingen:

50 g / 2 oz / ¼ kopp smör eller margarin

50 g / 2 oz / ½ kopp vanligt mjöl (allt för ändamål)

5 ml / 1 tsk mald kanel

150 g / 5 oz / 2/3 kopp mjukt farinsocker

För att göra degen, blanda ihop mjöl, socker och mandel och gnid sedan in smöret eller margarinet tills blandningen liknar ströbröd. Tillsätt citronsaft och äggula och blanda tills det är slätt. Tryck ut i botten av en smord 20 cm kakform. Blanda ingredienserna till fyllningen och fördela över botten. För att göra toppingen, gnid in smöret eller margarinet i mjölet och kanelen, tillsätt sedan sockret och bred över fyllningen. Grädda i en förvärmd ugn vid 180°C/350°F/gasmarkering 4 i 1 timme tills de är gyllenbruna.

äppelpaj med honung

Gör en 20 cm / 8 tum kaka

Till degen (pastan):

75 g / 3 oz / 1/3 kopp smör eller margarin

175 g / 6 oz / 1½ koppar fullkornsvetemjöl (fullkornsvete)

en nypa salt

5 ml / 1 tsk ljus honung

1 äggula

30 ml / 2 msk kallt vatten

För fyllningen:

900 g / 2 lb kokta äpplen (paj)

30 ml / 2 msk vatten

75 ml / 5 msk ljus honung

rivet skal och saft av 1 citron

25 g / 1 oz / 2 msk smör eller margarin

2,5 ml / ½ tesked mald kanel

2 äpplen (till efterrätt)

För att göra degen, gnid in smör eller margarin i mjölet och salt tills blandningen liknar ströbröd. Tillsätt honungen. Vispa äggulan med lite vatten och blanda ner i blandningen, tillsätt precis tillräckligt med extra vatten för att göra en slät smet. Slå in i matfilm (klar film) och ställ i kylen i 30 minuter.

För att göra fyllningen, skala, kärna ur och skiva de kokta äpplena och sjud dem i vattnet tills de är mjuka. Tillsätt 3 matskedar / 45 ml honung, citronskal, smör eller margarin och kanel och koka utan lock tills det reducerats till en puré. Låt svalna.

Kavla ut degen på en lätt mjölad yta och klä en 20 cm/8 tums flanring. Hacka allt med en gaffel, täck med vaxpapper och fyll med bakade bönor. Grädda i en förvärmd ugn vid 200°C/400°F/gasmark 6 i 10 minuter. Ta bort papper och bönor. Sänk ugnstemperaturen till 190°C / 375°F / gasmark 5. Häll äppelmosen i lådan. Kärna ur äpplen att äta utan att skala, skär sedan tunt. Lägg i försiktigt överlappande cirklar över purén. Grädda i den förvärmda ugnen i 30 minuter tills äpplena är genomstekta och lätt gyllene.

Lägg resterande honung i en kastrull med citronsaft och värm försiktigt tills honungen är upplöst. Häll över kokt flan för att glasera.

Äppelpaj och köttfärs

Gör en 18 cm / 7 tum kaka

175 g / 6 oz mördeg

1 medelrostat (särt) äpple, skalat, urkärnat och rivet

175 g / 6 oz / ½ kopp köttfärs

150 ml / ¼ pt / 2/3 kopp dubbelkräm (tung)

25 g / 1 oz / ¼ kopp mandel, hackad och rostad

Kavla ut degen (pastan) och använd den för att fodra en 18 cm flanring. Nagga allt med en gaffel. Tillsätt äpplet i färsen och fördela över botten. Grädda i en förvärmd ugn vid 200°C/400°F/gasmark 6 i 15 minuter. Sänk ugnstemperaturen till 160 °C / 325 °F / gasmärke 3 och grädda i ytterligare 10 minuter. Låt svalna. Vispa grädden tills den blir styv, fördela den sedan på toppen av flanen, strö över mandeln och servera genast.

www.ingramcontent.com/pod-product-compliance
Lightning Source LLC
Chambersburg PA
CBHW071434080526
44587CB00014B/1839